启真馆 出品

守书人文丛

八八沈公

脉　望　编

浙江大学出版社

謹以此書恭祝何昌淦文先生八十壽辰

沈昌文学徒时，中坐者为大师兄，右立者为沈昌文师弟

1949 年与民治新闻专科学校（夜校）采访系同学合影（前排左一为沈昌文）

1

———

2

1. 1953 年沈昌文、白曼颐结婚照

2. 五十年代住在东堂子胡同人民出版社宿舍，与同一小院的人民出版社编辑合影

丁聪作于 1987 年的《〈读书〉百月生日气象记录》漫画，有诸多朋友的签名

《读书》在东四六条的临时办公室，照片中的四位女士为《读书》杂志"五朵金花"中的四位（右起：沈昌文、吴彬、杨丽华、赵丽雅、贾宝兰、郝德华）

1988 年陈原与沈昌文在香港

1. 沈昌文同他的"接班人"董秀玉合影

2. 俞晓群、沈昌文、陆灏

沈昌文在自己的书房

《光明日报》刊出三联的广告，甚好。近来除了《新闻出版报》外，包括它的大报也未见书及广告，甚是遗憾。觅书难固也是个老大难问题，而学人不知出了些什么书，更是老大难！三联诸公"高抬贵手"，竟绝少些书目的广告，难能矣。我以为读书也了登广告，但不必每期登（既费钱，又不必要）大约半年登一吹，积欠啊于，不宜不应，另刊载期子目（用封底两刊子目印了）。除了检阅成果又可吸引读者，何乐而不为。广告区了所成丰碑，是诸报广而宣发读书乐，功伐无量。匆此不尽，请酌！

颂祺！

阮原 1992-04-07

陈原写给沈昌文的信

LEZ

YUWEN CHUBANSHE

语文出版社

北京朝阳门南小街51号

昌文同志：

想早已从南边回来，不知问题解决得怎样？

我许愿的文章一直拖到前天才动笔，现已完事。

最近上海教育出版社给我出了一本《自选集》，谨以一本呈教。希望能在《读书》的新书录上上个名字，随便说上几句就更了。这本书我采了几十本送给语言所里的小字辈，还有富馀，《读书》编辑部的同志有感兴趣的我可以奉赠。告诉我名字，以便写在书上。

我们这里的邮局在修房屋，没地方寄挂号。请优辉或别位同志方便的时候来取书和稿子。

祝

好！

吕叔湘

十二月十四日

吕叔湘写给沈昌文的信

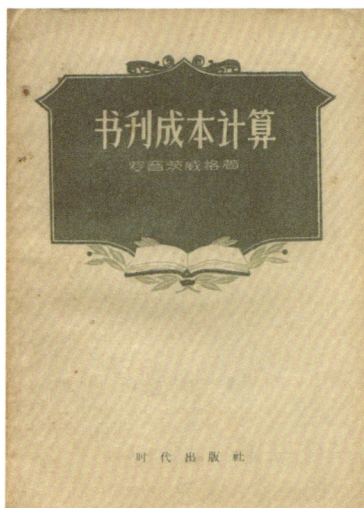

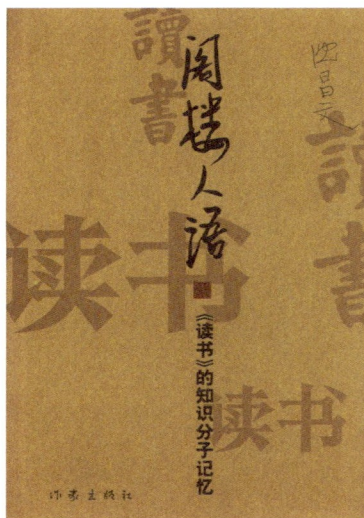

$$\frac{1}{2}$$

1. 《书刊成本计算》，沈昌文译作
2. 《阁楼人语》

沈昌文部分已出版图书书影

编者的话

沈公八十八岁了！

香港人把"说一说"叫作"八八"，当然说得不能太一本正经，有点八卦的意思。

于是就有了这本《八八沈公》的动议。不是历数人尽皆知的沈公之光辉成就，而是说一说他的八卦趣事。

于是沈公的旧识、好友、徒子徒孙纷纷奔走相告，短短三个月时间，共收集了三十四篇关于沈公的趣事文章。在这些文字中，一个天真、狡黠、机智、幽默、随心所欲、放浪形骸的沈公形象跃然纸上。

他是武侠小说里"深蕴内敛的中年练家子"，他是一位无法复制的"思想的邮差"，他是"安徽打工妹"心中永远的偶像。他用宁波话畅谈"食经"，和"复印机小姐"谈恋爱，随身携带着装有五十页"著译者"和"关系户"的PDA。当然，也少不了他对书的"痴爱"，他自成一派的"出版经"和处世之道。他是智者，他是仁者，他是狂狷者。他是常背着双肩包，自称"不良老年"，独一无二的沈公。

谢谢所有的作者！

让我们一起祝愿沈公生日快乐，快乐长寿！

脉望

2019 年 7 月

代序

王　蒙

　　祝沈昌文先生寿比南山，福如东海。沈兄是出版工作的英雄，是出版工作的人精。大哉沈公，无所不通；大哉沈公，无所不精；大哉沈公，嘻嘻松松；大哉沈公，随心所欲。有了沈公，让人觉得活着多了一点趣味。他很有自己的一些原则，但并不苦大仇深。沈公在发展北京餐饮业上做出了贡献，估计写书看书的人都无法忘记。

　　沈公是真正做到了物质、精神两手抓，两手都要硬的一个杰出人物。沈公不仅仅有义愤、悲情，还有很多幽默、乐趣，以及一些有时候带点小黄小荤的故事。我希望有更多沈公这样的人让大家过得快乐，让大家在精神境界越来越开放。谢谢沈昌文老大哥。沈公说自己的耳朵不行了，但有朋友说耳聋是长寿的表现，爱听的话全听得见，不爱听的话听不见，不影响睡觉。睡觉睡得好是养身的关键。

目 录

仁者寿

王充闾

一

前人诗云"每逢佳节倍思亲",而依我的切身体验,人到老年,逢年遇节常会怀念多年不见的老朋友。今年春节前,我就深深忆念起素所敬重的沈昌文先生,随之打了长途电话,并寄发一封邮件:

沈公钧鉴:

日昨,一觉醒来,蓦然记起今岁吾兄喜值八八"米寿",遂拨通电话,敬致贺忱。

尚觉意犹未尽,但由于吾兄重听,电话交谈不便,遂又书写这份邮件,借抒情愫。

弟在文学创作历程中，多承吾兄大力鼓舞、亲切关怀、多方帮助，自是铭感五中，没齿难忘。

别后十三年来，虽两地分襟，未能亲聆清诲，但吾兄仍是多次赠书，从赏读大作《知道》《阁楼人语》《八十溯往》《最后的晚餐》《书商的旧梦》中受惠良深；而时时未曾忘怀也。

每番见到晓群、青松二君，总是问询吾兄近况，得知健壮如常、福慧双修，心中无限欣慰。去岁浏览网页，偶然见到吾兄一张留影——意态悠然地阶前执帚扫叶情状，倍感亲切，不禁击掌叫绝。

弟今也已年逾八十，有幸尚称顽健。晚景自珍，读书、写作依然，未敢稍懈。但外出很少，一是舍不得时间，二则于人于己都减免麻烦。

春节即至，敬颂年祺，祝福寿安康！

充闾　　2019.1.23

追忆起来，我与沈公初次见面，是在 1995 年 3 月间。彼时，我在京参加全国宣传部长会议，这天午后在房间阅读文件，忽有一男一女两位客人敲门进来。听了他们自我介绍，方知是《读书》杂志主编沈先生和编辑赵丽雅女士，令我惊喜交集。我告诉客人，说非常喜欢《读书》，从它创刊伊始我就订阅。客人听了接上一句："你的大名我们也早就听说了。"原来，进入九十年代之后，辽宁教育出版社相继出版了"国学丛书""书趣文丛"等一批在全国知识界、思想界颇有影响的书籍，誉者甚多，但所属部门有的领导却认为赚不到钱而不以为然。我在与局内班子座谈和出席省出版工作会议时，都明确表态予以支持。我说，我们不能光算眼前的经济账，要把目光放得远一些。好书的出版属于"长效应"，旨在弘扬优秀传统文化，营造一个书香社会。主其事者俞晓群社长可能是觉得有了同道，受到鼓舞，也算是有了依靠。当时，我并不知道这类丛书是沈公帮助筹谋、擘画的。沈公的造访，可能与此有关；再者，他一贯礼贤下士，听说这个宣传部长还喜欢动笔，写些东西，于是顺便说：欢迎随时赐稿。但我谂知，散文体例并不适合《读书》要求，所以也没有寄稿。待到再次见面时，沈公说他马上就要下台了，行使主编权力只能到三四月份，如有稿子，赶紧发过来。这样，我就把随笔《走向大自然》一文送上，刊发在 1996 年 4 月《读书》上。

二

　　关于沈公，业内人士素有"前有《读书》，后有《万象》"的佳话。九十年代下半叶，一些知名学者盛赞上海孤岛时期，由柯灵先生创办的《万象》"亦今亦古，亦中亦西，亦雅亦俗"，极力鼓动沈公出面，筹划复刊。其时，柯灵老人尚在，亦积极促成此事，北京的"出版大佬"陈原先生更是一再督办；而辽宁的俞晓群先生也怀有极大兴趣。俞君在《〈万象〉创刊的三个关键词》一文中披露："谁都知道，要想批准一个新杂志是很难的。好在当时辽宁主管新闻出版的领导是王充闾，他是散文家，他懂得《万象》的文化价值，他非常支持我们'文化移植'的理念。他与沈昌文、扬之水又是好朋友，几方面的因素促成《万象》树帜。当时正值'春风译丛'停刊，我们就顶了上去。……这也是我从事出版工作二十多年间，办成的唯一一本杂志。"但是，编辑业务，辽宁无力承担，于是，又由沈公劝进，将它压在年轻的"老上海"陆灏肩上。他带领几个同道，干得非常出色，风生水起，声誉日隆。

　　转眼八年过去了。2006年春节过后，为了与《万象》编者、作者代表会面，俞晓群主编偕同柳青松君，邀请我一道前往上海。沈公、陆灏先生已先期等候在那里，黄裳、鲲西、钱伯城、葛剑雄、江晓原等著名学者一起出席聚会，堪称群贤毕至，少长咸集，气氛十分热烈。饭后，送走几位学术大家，我们同沈公一道散步闲谈，趁便表达了对他的敬意与谢忱，说他为辽宁策划一大批优质图书，功在当前，泽流后代。

这里我想多说几句。对于有些人的"闲言碎语"，什么"出书赔钱、负债"啦，"不务正业"啦（省里有的领导也询问过），我在多个场合，都是明确地表态，这是一件大好事。我对他们说：作为一位资深的出版名家，沈先生以其高度的社会责任感，一秉至诚，任劳任怨。每次在京与我交谈，都是背个双肩包，骑着自行车往返，没吃过一次饭、喝过一杯酒、派过一次车。我说，实质上这里反映了出版书籍的价值取向，涉及社会效益与经济效益的关系问题。像"新世纪万有文库""国学丛书""书趣文丛"这类学术价值很高、弘扬优秀传统文化、传承中华文化基因的好书，单纯用眼前多少码洋来衡量并不恰当。有些趋时媚俗、快餐式的所谓"畅销书"，倒是红极一时，一印动辄十万八万册，可是，最后又留下了什么？"一团茅草乱蓬蓬，蓦地烧天蓦地空。"所以，应该从长远着想，从根本上看问题。

其间，我曾就忽视优秀传统文化、一味趋时媚俗的问题，专门给辽宁电视台写过信，提出我的看法。

关于《万象》，我还是加倍关心的，但也有心无力。记得2006年12月下旬，当接到陆灏先生来信后，我立即回复，略云："大札收读，不胜怅憾。《万象》在您和沈先生的鼎力支持和直接参与下，取得了煌煌胜绩，赢得各方面的赞誉。不意竟因资金问题，中道崩殂，憾甚憾甚！"晓群先生与我的看法完全一致，但由于他已不兼辽教社社长，不在其位，有些方面自然无法做主。这一点，我们完全能够理解。现在，过去最担心的事，到底还是出现了，只能徒唤奈何。见信后，我即电话联系晓群先生，请他再做最后努力，争取大家同舟共济，渡此难关。当然，关键还在于沈先生和他参与其事。这是一个大前提。

三

年初，在致沈公的贺信中，有"多承吾兄大力鼓舞、亲切关怀、多方帮助，自是铭感五中"之语，这绝非一般的客套话。沈公于我，谊兼师友。相识二十五年来，相知、相亲、相重，受益良深。这里只说几件具体事——

自晓群先生主政辽宁教育出版社以后，先后出版过我的三部作品：《王充闾作品系列》（七卷本，以下简称《作品系列》）、随笔集《面对历史的苍茫》（"书趣文丛"第五辑）、散文集《碗花糕》，每一部都得到了沈公的关注、鼓励与帮助。2004年，《作品系列》面世后，沈公亲临沈阳参加作品研讨会，联系我们的交往实践，作了感人至深的讲话。沈公赞誉有加，使我感与愧并。有些话被媒体报道后，流传甚广，像"王充闾的功底真好，举杯一唐诗，落杯一宋词，这样的文人已经不多见了"，经常被出版社用在我的作品介绍上。直到他后来写口述自传时，还说："《万象》的一个顾问，叫王充闾，他是当年中共辽宁省委的宣传部长，爱写散文，我们谈得来。我跟他见面，一起说话，他一看见外面刮风，口中就出来七个字；看见雪，就会端起酒杯，又有五个字。我水平没他高，只知道他说出的大概是唐诗宋词，但是不知道是谁写的。我没有这个学养呀！他有。"也正是为此吧，他回到北京后，又特意打电话给我："鉴于你的作品学养深厚，引事用典很多，大约每一页都有几处，建议专门为《作品系列》编个索引，以利于读者阅读，这个索引本身也是一部学术专著。"这里既反映出先生对我的关注与厚爱，也体现了他的一贯以读者为中心的重要出版理念。这对于我后来的诗文创作与学术研究，都有直接的指导作用。

也是在沈先生的提示与直接关怀下，由辽教社晓群与青松君直接运作，我的散文集《北方乡梦》，于2007年由香港城市大学倪若诚教授率多位译者译成英文，紧接着又有阿拉伯文译本对外出版发行，并在法兰克福世界图书博览会上展出。为了把这本书编好并妥善地翻译出来，沈先生殚精竭虑，煞费苦心。不但他亲自擘画，还把他的供职于国外的女儿沈双女士也拉上，帮助研究、策划。

下面是沈双写给沈公的一封信：

> 爸：王充闾英译散文的目录我看了。我的看法是，第一部分可能最能够为西方读者接受，尤其是中间个人回忆的散文最好看。第二部分讲的一些人物，恐怕西方读者不了解，即便是李鸿章，很多西方人也未必知道。这当然不意味着这些散文因此不能翻译，但是在翻译过程中恐怕译者要做些改写，甚至加注、加前言等。第三部分有一个难度，就是我所了解的西方游记和中国的借景抒情的散文很不

一样，西方的游记非常的具体，作家的主体和环境分得很清楚。但是，中国的游记讲究情景交融，有时候让西方人看起来就比较模糊，不知道某种感情是怎样产生的。我觉得可能在选游记时要选择写实的，以中国风景为主题的比较好。其他想到了再写电邮告你。

沈双

讲得实在是太好了。不仅对于这个文本的编选有直接的指导作用，而且对所有的国内散文写作者都极富参考价值，可以看作编译散文的工作指南。最后，《北方乡梦》选译十五篇，就是以此为准则定稿的。由于我太看重这封信了，没有征得本人同意，就擅自全文录出，尚请鉴谅。

这里再补充一点，沈双女士还提议，从中先选出三篇有代表性的作品翻译出来"投石问路"，如果反响很好，再行操作。为此，她在百忙中以优美、准确的文字，为遴选的三篇作品撰写了长达两千字的《译者序》。结果是很受欢迎，这样便展开了全面翻译工作。

我与沈女士至今尚无一面之识，应该说，她完全是受沈公郑重托付而做的。整个过程中，她竟然如此认真负责、诚以待人，此种精神与风范，典型地体现了乃父的仁者之风，着实令人由衷地感动。

仁者寿。值此沈公"米寿"之喜，我谨引用冯友兰先生八十八岁寿辰时写给同龄好友金岳霖先生的两句话，来祝贺沈公健康长寿："何止于米，相期以茶。"

老沈的吃局

葛剑雄

沈昌文先生将登米寿，加上在各个圈中都称得上德高望重，早已被大家尊为"沈公"。但我称惯了"老沈"，觉得还是这样称呼亲切自然。

一般人与老沈的相识都结缘于三联书店，特别是《读书》，我却是因一个偶然的机会。大概在1983年，当时我已研究生毕业留复旦大学工作，兼担任导师谭其骧先生的助手。谭先生每次外出，我都会陪同，其中次数最多的是陪他到北京开会或参加学术活动。那时的会议——无论是学术会议还是其他会议——都开得很长，中间往往有休息日。那也是一次会议间的休息日，我陪谭先生去亲戚"七姨"（谭师母李永藩的堂妹李庄藩）家，在那里我第一次见到老沈。原来李庄藩专门写外国电影评论，老沈来找她是为三联书店约这方面的稿子。大概事前已经听李庄藩介绍过谭先生，或者他本来就知道谭先生的专业和研究领域，他说最近刚给杨宪益先生出了一本《译余偶拾》，其中有好几篇文章涉及你们这一行，杨先生都有些自己的看法。他说想寄一本请谭先生看看，杨先生的说法是否有道理。还说让我也帮着看看。回上海不久，谭先生收到了老沈寄来的书，也附着给我的一本。

再次见面已是几年后，老沈却没有忘记上次的话题，并且又提出了新的建议。他说你老师主编的《中国历史地图集》已经出版，但一般读者并不了解它的意义，不懂你们专业的人也讲不清，你能不能给《读书》写一篇。我说这事得回去请示谭先生，怎么写合适。当时，有关部门已经组织几位专家写了评述《中国历史地图集》的文章发表在重要的学术刊物上，但谭先生看了并不十分满意，认为有些说法没有抓住关键或阐明主要意义，而且非专业读者未必能看明白。得知老沈有此稿约，他说你正好趁此机会写一篇，让更多的人看明白。《中国历史疆域的再现》一文在 1990 年第 5 期《读书》发表，不久就有好几家报刊转载，谭先生看了也说比那几篇写得好，提法确切，评价实事求是，一般人看得懂。

八八沈公

在这段时间里，我认识了《读书》的编辑赵丽雅、吴彬，后来又认识了贾宝兰。因为我写的文章都属文史类，是赵丽雅负责的范围，所以与她联系最多。这几年间给《读书》的稿子有的就是她（或许是根据老沈的意思）出的题目，有些就是她（或许是按照老沈的指示）诱导或者"催逼"出来的。我记不清老沈的第一次约稿是不是在饭桌上，但可以肯定后来与老沈基本都是在饭桌上见面的。

1990年起的几年间我正忙于《中华人民共和国国家历史地图集》的编务，我是编辑室主任，经常要到北京去审图、编图或处理相关事务。特别是1991年谭先生发病住院后，这些具体工作都得由我做了。那时每次去北京的时间比较长，少则三五天，多则一两个星期，其中总能安排出时间参加老沈安排的聚餐。现在回忆起来，"标准流程"如在眼前：

我到北京安顿下来，大致排定日程后，就给赵丽雅打电话，那边传来熟悉的声音："找谁呀？""找你呐！""噢，葛剑雄。到北京了！这次待几天？哪天有空让老沈安排？"稍后或当晚，偶然也会在次日，赵丽雅打来电话："记住了，星期几晚上几点在某某地方。""现在约好了某某、某某，某某还不一定。某某不在北京，赶不上。"有时赵丽雅会主动问，或代替老沈问："这次想见谁呀？"因为老沈曾夸口，除了中央领导，其他人想请谁就请谁。据说他对其他人也是这样说的，所以我和其他朋友都曾大胆提出要见某人，大多如愿以偿。也有的是老沈主动安排的，大多是"别有用心"，如要组某方面的稿，或聊某方面的事。还有的是对方约的，有次赵丽雅问过我留京时间，就说："老沈说过张中行先生要见你，什么时候你来了一起吃饭。"我自然喜出望外，到时果然被安排在张先生旁的座位。

我查了这段时间的日记，有幸在老沈办的吃局上"同席"的，有我一向景仰的前辈，或是平时只能遥瞻仰视的名流，或是心仪已久的学者，或是一见如故的同道，或是相识多年却暌违有时的故人，或是有故事的中外奇人逸士、遗老遗少，还有意想不到的企业家、外国人、港台人士。如张中行、王世襄、董乐山、吴祖光、王若水、孙长江、丁聪、陈乐民、资中筠、王蒙、冯亦代、庞朴、孙机、邵燕祥、蓝英年、陈四益、施康强、李文俊、刘绍明、许医农、章诒和、王学泰、马立诚、盛宁、刘志琴、梁从诫、吴忠超、陈子善、吴霜、俞晓群、潘振平、赵一凡、朱正琳、冯统一、刘军宁、徐友渔、李辉、葛兆光、钱宁等。

八八沈公

一本书·一顿饭·一只猫

陈子善

沈公米寿，这是中国出版界的大事，应该写点什么，必须写点什么。但与沈公太熟了，反而不大好写，不知该从何落笔，那就写与沈公交往的三个侧面吧，都与沈公是一位杰出的编辑出版家相关。

一本书

沈昌文沈公的大名是与三联书店紧密联系在一起的。也许可以这样说，没有沈公，就没有二十世纪八九十年代执中国出版界牛耳的三联书店。我先认识沈公的前任范用范老板，后认识沈公。1985年9月，浙江富阳举行纪念郁达夫殉难四十周年国际学术研讨会，劫后幸存的汪静之、许杰、楼适夷、柯灵、唐弢、王西彦等文坛前辈都参加了，盛况空前。范老板也来了。就在这次会上，范老板向王自立先生和我约稿，嘱我俩编一本《郁达夫和书》。我俩受宠若惊，会议结束后回到上海即着手工作，初稿不到一年就编竣了，收入了不少郁达夫的集外文。此时三联领导已经换将，范老板荣退，沈公走马上任了。

很久以后，我才知道，沈公接手时三联形势很严峻，经济压力很大。但在当时，《郁达夫和书》书稿寄出后一直渺无音讯，我不免忐忑不安，于是鼓足勇气写信询问责编秦人路先生。秦先生转达了沈公的批示，大意为：书编得不错，请耐心等待。这就好比吃了一颗定心丸，也使我们有机会对此书初稿进行调整和增补，还新编了附录《郁达夫日记中关于图书记载摘编》。

在沈公的英明筹划下，三联的出版形势大为改观。拙编《卖文买书——郁达夫和书》也终于在1995年3月由三联书店推出，一年以后重印。如果我没有记错，书名中的主标题"卖文买书"来自郁达夫的诗句"绝交流俗因耽懒，出卖文章为买书"，正是沈公出的点子，显而易见，这个书名更具吸引力。我在书的《编后缀言》中写明，此书是"在范用、沈昌文和秦人路先生的热情支持下"才得以问世的。

《卖文买书——郁达夫和书》是我在国内一流大出版社第一次出书，虽然还不是我自己写的，只是我们编的，但我有足够的理由感到高兴。而此书能够出版，完全出于沈公的特别关照。

一顿饭

沈公请饭是大大出了名的，他自己也从不讳言"吃吃喝喝"。每次饭局开始，听他用宁波话畅谈"食经"是最好的开胃菜。这么多年下来，不知吃了沈公多少顿饭，不知在饭局上听了沈公多少次高谈阔论，每次都大受教益，无论作文、编书还是为人，都得到了沈公的指点。

当然，沈公的饭不能白吃。如果不是吃饭，沈公、晓群和陆公子出版"铁三角"的阵容能否排出来，"新世纪万有文库"能否出版和新《万象》能否创办，都是未知之数。在饭局上组稿，在饭局上讨论并确定出版大事，这是沈公的一大绝招。而就我个人而言，如果不是沈公请饭，也就无从在席上见识陈原、陈乐民、资中筠等前辈并聆教了。

关于请饭，我想沈公心中一定有一幅完整的京城游吃图。哪里有好馆子，哪里环境清雅，哪里又便宜又好吃，沈公一定了如指掌。这些年跟着沈公，吃过北京城里的京菜、粤菜、潮州菜、云南菜、川菜、湘菜、杭州菜、上海菜，以及清真菜等等，不一而足，虽还不能说已经吃遍，也相差不远了。

有一次，沈公故作神秘地说，带你们去一个从没去过的菜馆。记得那是在东四附近的一条小巷里，真应了"酒香不怕巷子深"这句俗语，可惜店名已记不得了。原来这是一家北京土菜馆，吃了一桌真正的北京土菜。具体哪些菜肴，已不复记忆，但这顿饭吃得有滋有味，吃得神清气爽，至今仍仿佛齿颊留香，以至吃了沈公那么多顿饭，这顿印象最为深刻。

一只猫

十多年前，陆公子拣出一枚对折的猫纪念卡送我。纪念卡正面图案，是一只漂亮的虎斑猫在西文古书架上舒坦地酣睡，四周全是皮装古书，古色古香，书香四溢，整个画面温馨而有趣。书和猫，正是我之最爱，知我者，陆公子也。

　　　　　　　　　　　　　　八八沈公

然而，待打开纪念卡，又有新的发现。里面有黑色水笔题字：

昌文先生：

Thank for everything！

孙康宜　　2000.8.16

这纪念卡原来是美国耶鲁大学孙康宜教授送给"昌文先生"即沈公的。康宜教授属于爱猫一族，我曾在她府上见到她养的可爱的黑猫，所以她寄给沈公猫纪念卡是情理中事。但我翻到纪念卡最后一面，发现还贴着一张小便条，便条上是沈公的亲笔批示：

明信片供陆兄备用。最好有讲猫的文章，此图可作封面。

昌文　　2000.8.27

毫无疑问，沈公在收到康宜教授的纪念卡后即批转陆公子了。当时，新《万象》刚创刊，陆公子正全力以赴主编新《万象》，沈公则随时予以指导和点拨，这枚纪念卡就是一个明证。沈公认为这幅猫画很有特色，可作《万象》封面画，但最好这期《万象》也要刊出写猫的文章，以收互相配合、相得益彰之效。这是一位经验丰富的老编辑的绝妙主意，不能不令人佩服。只是后来未组到合适的写猫文，这幅画也一直未刊用，直到陆公子离开新《万象》，直到他把这枚纪念卡转赠于我。

一枚小小的猫纪念卡，凝聚着沈公、康宜教授和陆公子的情谊，而沈公敏锐的编辑眼光由此也可见一斑。因此，我当什袭珍藏。

智者沈公

陈　昕

　　八十八岁高龄的沈昌文先生，很少有人称呼他"沈老"，而是众口一词叫"沈公"。我理解，沈公不老，不必以老称颂，他以智慧、机敏、幽默闻达。智者沈公欣逢米寿，大家都觉得应该为他庆祝一番，最好的庆祝就是发掘他出版生活的斑斓与精彩，用故事为他摆上一桌满汉全席，通过咀嚼这些故事去汲取他传承给我们的出版甘泉。

　　在我的记忆里，有一些工作经历与沈公相交织。回望这些鳞鳞爪爪的交往，至今依旧十分温暖。1987 年至 1993 年间，我曾先后担任过上海三联书店和香港三联书店的总编辑，虽然这两家三联书店（沪三联和港三联）与位于北京的三联书店（京三联）之间并无行政隶属关系，但同在"三联"的招牌之下，业务上保持着松散的联系，出书的品位、趣味也有许多内在的映照。每次进京出差，都要忙里偷闲，抽空去京三联坐坐，一来实地学习他们的出书思路和做法，二来交流下出版的经验和体会。那个时期，京三联的掌门人就是沈公。面对我这个晚辈的造访，沈公总是十分热情，不仅放下手头待编的书稿，煮上一杯他私藏的品质咖啡，跟我娓娓述说京城文化圈、出版圈的逸闻趣事，有时还要邀上几位学界、出版界名人去附近的餐馆小酌，席间谈天说地，看似没有主题，但对我辈把握学术动态趋势与文化传播走向很有启迪。

八十年代，我热衷于开拓现代经济学图书产品线，策划主编了"当代经济学系列丛书"，结识并团结了一批青年经济学人。长期浸润其间，也有心得，编辑之余尝试写了不少经济学主题的书评，其中好几篇长文刊发于沈公主事的《读书》杂志上。这本"以书为中心的思想评论刊物"，注重思想性和可读性，强调厚积薄发和行而有文，讲究皮里阳秋，而我的文风相对直白，不事雕琢，与《读书》的风格有些距离，但诸事兼容的沈公并未令我修改，只要文章言之有物，也就照发不误，令我十分感怀，视为前辈的提携。

1991 年 5 月，我赴港三联任职，沈公向我推荐了一些在港学者，其中就有在香港大学任教的汪丁丁先生。丁丁读书杂泛，博闻强记，见识不凡，我们很快成为知己。当年我们俩家眷都不在香港，于是单身的我们常在晚间享受着煲电话粥纵论天下的思想快乐。后来得知丁丁的母亲安若女士曾担任过人民出版社的副总编辑，算是沈公的领导，两家走得很近，课余时间小丁丁曾跟着沈公做航模，装矿石收音机。沈公还真是如他自己所言，善于服务领导。五十年代，沈公曾担任过人民出版社总编辑室秘书，而当时人民出版社的领导清一色都是显赫的文化名人，有曾彦修、王子野、陈原、范用等。沈公在他们的眼皮子底下工作，为他们服务，耳濡目染，久之得通家气象，做出版、谋选题也就眼界不凡，出手不逊，很得领导信任和赏识，年纪轻轻就担任了编辑室的负责人。粉碎"四人帮"后，沈公的几位老领导创办《读书》杂志，创刊伊始即提倡"读书无禁区"，开思想解放的先声。不久沈公便被老领导指派去三联编辑室任主任，具体负责《读书》杂志的编务。1986 年 1 月三联书店从人民出版社独立出来，沈公又被任命为首任总经理。

　　出版社传播、传承的不仅是一脉书香，还有文化气韵、时代精神。三联书店的传统和文脉，远而论之，是韬奋先生对进步的追求奋斗，竭诚为读者服务的大爱，以及"将铺盖卷扔在办公室里"的执着和敬业；近而论之，还有陈原先生身上凝集并散发的儒雅和睿智，政治上不糊涂，讲原则，有规矩，为人通情愫，讲艺术，寻圆融，文章千古事，讲义利辞章。沈公当社领导秘书时，就坐在陈原先生的对面办公，历时三载。他是陈原先生的崇拜者，以陈原先生为榜样，在他身上多少可以看到陈原先生的影子。比如，陈原先生在出版界以谙熟"洋务"著称，精通多门外语，还是世界语界的前辈；沈公通过自学，也粗通俄、英、德文，还会点世界语。陈原先生注重介绍外国哲学社会科学思潮，早在五十年代，就在人民出版社同戴文葆、史枚等一起具体草拟外国哲学社会科学名著翻译规划，二十多年后他主持商务印书馆时又提出出版"汉译世界学术名著丛书"；沈公搞出版也是从翻译读物入手，而且一辈子乐此不疲。陈原先生著作等身，一部《社会语言学》被学界推崇为经世名作；沈公退休后也笔耕不辍，钟情翰墨，不时有新作问世。陈原先生的文章旁征博引，幽默风趣；沈公作文也是妙笔生花，亦庄亦谐。陈原先生思想解放，敢为人先，但在编辑把关上注重方法，讲究圆通；沈公在编辑工作中也是既思想开放又善于曲里拐弯，还发明了"跪着造反"一说。如此对比，还可以列举更多。

作为智者，沈公在主持《读书》这本八十年代思想解放风向标杂志时的所作所为，为我们提供了一个如何做好编辑工作的案例。当年《读书》的作者队伍就是一个五线谱，杂货铺，左中右，老中青，都乐于为《读书》撰稿。每一期的组稿谋篇如同走钢丝，找平衡，需上下逢源，左右开弓；既要敢为人先，思想解放，学术开放，又要坚守底线，不改弦易辙；对历史事件，既要反思，又不能背叛……许多问题的尺度不好把握，但沈公做起来却得心应手，游刃有余。在每一期的《编后絮语》中，我读出了沈公的人生彻悟，当编辑要有自知、自制、自嘲、自怜的涵养，遭逢鲜花掌声时，不必太昂首挺胸，遇到风浪时，要学会曲着身子去应对。还有，出了偏差时沈公的"自我批评"能力极强，造诣很深，做起检查来让领导感到既深刻又诚恳，不必再用重锤去擂响鼓。沈公正是以他的智慧与艺术将这份杂志驾驭得恰到火候。一个绝好的例子是，当年主管意识形态工作的胡乔木同志虽不时提醒甚至批评《读书》，指出其存在的问题，却又将自己的作品投给《读书》发表，以示对刊物风格的认同。

沈公早年在上海银楼当过学徒，练就了精明的商业眼光，对于三十万元资本金起家的三联书店的发展担起了创业的使命。他实行书刊互动，最大限度地运用《读书》杂志的虹吸功能，团结了一大批身手不凡的著译者，一步一步将《读书》杂志打开的各类话题做长、做大、做足。他与"文化：中国与世界"编委会合作，萃集热评的西方经典力作，推出"现代学术文库"和"新知文库"，为学术开放、阅读自由提供了规范的读本。他最先与台湾出版界接触，出版了不少台湾作家的图书，其中有漫画家蔡志忠的包括《菜根谭》在内的近四十本漫画书。这些图书都产生了很好的经济效益，为三联书店掘起第一桶金。他还抓住机遇，从国家计委批到八千万元资金，弄到北京市中心美术馆东街一块热门的地皮，这才有了后来的三联大楼和三联韬奋书店。

　　与陈原先生老革命、大学者的经历相比，沈公自学成才的学徒背景，要在当年文化名人扎堆的出版界主持大名鼎鼎的三联书店自然会引起一些看法和议论。沈公对此心知肚明，刻意放低身段，一再声称自己是"无能之人"，只是在遵循和执行出版前辈的意图，他在言谈举止上有意无意地流露出油腻、俏皮的一面，以亮明自己还是"下里巴人"。编辑圈里流传着许多"沈公格言"，诸如"吃吃喝喝，拉拉扯扯，谈情说爱，贪污盗窃，坐以待币"的编辑门道。其实，不能完全照字面来理解沈公的真意。"吃吃喝喝"讲的是编辑要在饭桌上将组稿事务搞定，回到办公室就能签约；"拉拉扯扯"讲的是编辑要有粘功，对有能耐的著译者要缠住不放；"谈情说爱"讲的是编辑与著译者要建立感情，不能有功利之心，这样才能建立长久的友谊，著译者才会将自己最好的书稿交你出版；"贪污盗窃"不是指钱财，而是指知识、学问，是要在与著译者的交往中学习，成为半个学问家，而且敢于在下一个著译者那里贩卖；"坐以待币"是一种境界，坐在家里就能组到好的书稿，编辑出市场热销的图书，既为出版社创大利，也为个人赚个好光景。对于这类经验，正襟危坐者或许会斥为庸俗，但沈公的众多中青年粉丝却直呼精辟，更有明眼人道出沈公"游戏"言行的背后恰恰藏着他对出版的神圣、执着与纯粹之心。对于经历太多政治风雨和复杂人事纠葛的沈公来说，这份油腻或许是他精心涂抹上的一层人生保护色。

这就是我眼中的智者沈公。

老沈、沈先生、沈公

陈冠中

我称呼老沈为沈先生，是二十世纪九十年代初的事。2000年后不久，改叫沈公。那是我在北京的两个阶段，于公于私皆有关沈先生、沈公。

先生是香港人对男士的惯常尊称，不只是对年长者，有点像民国风称小生作兄。日常中还常吃掉中间一字，只剩下"生"，譬如我会被叫陈生。1992年初到北京，公事在身，听到《读书》编辑、同辈友人称沈先生为老沈，我叫不出口，怕冒犯，觉得用先生这种敬语才恰当。别人叫我老陈，当时我也不中意。原来各地语意语用有别，在京久了，被称呼一声老陈反觉亲切，叫陈先生就见外了。不知道老沈听我总叫他沈先生有没有意见，他没矫正我，或许香港人说话用词就是怪怪的。我们谈公事，他介绍我进《读书》和三联的作者圈子，等于替我打开了在京知识界的半边大门。我们同是宁波人，有时候他会说个宁波土话，考验我的方言能力。在宁波话中，先生也是尊称。他比我年长，公事上我有所追求，私下我听他侃文化名人陈年趣事，我称他先生是应该的。

及后我去了台湾，其中约有三年时间替《读书》杂志负责海外繁体字版的出版，靠书信跟北京三联往来，固然言必称沈先生、董大姐。

这期间，偶访北京，必约见沈先生，打听时人时事。2000年元旦，我们约在正义路首都大酒店吃早餐，沈先生听说我想投资网络，带来了在旌旗网上书店做内容总编辑的于奇。于奇后来和我在一次旅行中结了婚。

2001年，于奇替大块出版的北京逻各斯公司做法人总经理，负责处理与大陆相关的出版业务，沈先生则是大块郝先生的顾问，我们见面更多了。那些年台北和香港的出版人络绎于途，我也常适逢其会。记忆中，是他们带头沈公前沈公后地叫起来的。

其时老沈毫无老态，每天到处收旧书觅新书，走多里路搬书回自己的书房；在大块逻各斯公司的办公室一个上午打印大量重口味的文章，送给不大会上网的相熟老先生们分享。老沈饭局频仍，遍尝新馆，成众人北京餐馆指南。饭桌上还经常有出版前辈、文化先进在座，老沈不占上座。

记得大概在老沈的名著《阁楼人语》2003年出版前后，好几位亲近的老先生先后离世或住院。年复一年，在世的老一辈也减少了参加饭局，桌上往往没有比老沈更具资格的前辈，称呼老沈为沈公者就成为主流了。

于奇本来也随着八十年代的一众朋友叫老沈作老沈，但逻各斯公司里的那些小年轻，如沈帆、徐淑卿、曾孜荣等，皆早就乖巧地尊老沈为沈公，后来连于奇都称老沈为沈公了，我也遂改口叫沈公，何况我已经北京化了，觉得继续叫老沈为沈先生太矫情了，可是又回不了头称他为老沈，只能与时俱进，改口叫沈先生为沈公。

自从进入"八〇后"之列，沈公精神依然抖擞，耳稍背，更声如洪钟，饭桌上照样自顾自说段子，荤素不吝，平日背个大双肩背包，或步行或坐公交，到处觅书收书。这是我相识二十八年的前辈朋友老沈、沈先生、沈公。

"旧社会"的事

朱学勤

林达回忆二十年前携书稿由美国返大陆，奔走于多家出版社遇阻，终于寻得北京三联，出版了《历史深处的忧虑》，此后才有《总统是靠不住的》《我也有一个梦想》等不断问世，不容易。其间有一细节我记忆模糊，她却记得一清二楚，说是书稿辗转回上海，就在我家，她听我与董秀玉总编辑打电话，董女士问我对书稿评价，听完当即拍板："你觉得行，我就出版！"那时林达与我初识，读完书稿才有第二次见面，与千里之外的董秀玉更是素昧平生。她听到这番电话，暗自生惊：三联书店是认人，认友情信任，这好像是"旧社会"的事？

三联书店一直与人文知识分子打交道，因韬奋传统，确实保留了几分旧时习气。这一感觉与他们一开始打交道就有，我起初还有点不适应。大约是 1991 年冬季，三联书店欲恢复韬奋时代的老杂志《生活》周刊，先后约了好几批朋友去谈。记得是在老社址一个地下室，屋内凌乱，陈设老旧。沈昌文开场白也是如此，介绍杂志宗旨还有几句正经话，后来就跑野马，闲谈无边，当时颇觉诧异。

1993 年秋，老沈带着《读书》编辑部两位女将来上海组稿。华东师大正开现当代文学思潮研讨会，老沈为节省经费，遂来"蹭会"，会内套一个小会，打电话要我去。晚饭后抵达一间小教室，一屋子人，烟雾缭绕。轮到我发言时，竟是对老沈批评：《读书》杂志过于散文化，能否组织一些严肃的思想性文章，认真讨论一点问题？老沈闻言，不以为忤，笑嘻嘻一脚踢了回来："好啊，只要你们上海能组织讨论，我一定留出版面恭候。"我虽发难，却被反过来"将"一军，这算领教了他的另一面：温柔敦厚，而又暗藏锋芒。接下来就是那场人文精神大讨论。沪上四人第一次碰头，是在陈思和家里，议定各人各写一段，合成一个讨论状，发老沈审定。我写的一段意在以人文精神代文人议论，强调知识分子的内省与独立。老沈接稿，一字未删，全文发表。此后他又发了好几期，跟进者众，可惜最终还是落到文人议

八八沈公

论，这也让我意外。我遂退出讨论，老沈也不再来催。

那次《读书》来沪约稿，还有一件事，也有点意思。我们在华东师大开会的那天晚上，赵丽雅听说我不回家，悄悄讨过我车钥匙，骑行大半个市区，赶到我家借宿。她说是就近去复旦组稿方便，其实是节省出差经费，不在华师大招待所开房住宿。与此同时，老沈即把我留下，在招待所开一间房夜宿。第二天上午回家，我与赵丽雅开玩笑："古有'鹊巢鸠占'，今有'鸠巢鹊占'，老沈再抠门，也不至于把你们逼成这样呵！"她淡然一笑，又出门去挤公交车，55路转21路，奔静安寺去取昨夜的车。原来昨晚台风过境，风大雨猛，赵丽雅写得一手娟秀小楷，既丽且雅，居然能骑得动我那辆男式老"坦克"？顶风冒雨，骑到半途，果然蹬不动了，遂把那辆老"坦克"锁在人行道上，换乘公交车，夜半辗转到我家。早上起床去取，还要骑回来，我们夫妇俩怎么劝也劝不住，她拿着车钥匙不放，执意出门。这件事已经过去二十多年，时隔遥远，我内人与小辈"说古"，就像回忆"旧社会"，感叹不已。

更有意思的一幕，是崇文门外送行。1994年9月下旬，我结束《三联生活周刊》主编职务离京，老沈有心劝慰，却因他当时是《读书》主编又兼三联社委，职务不便，遂让吴彬、赵丽雅代为饯行。崇文门外马克西姆，偌大餐厅，仅一桌三人，有点空旷，也有点寥落。赵君温婉，吴君豁达，酒过多巡该走了，忽见侍者又端上一盘菜，操一口京腔彬彬有礼："这是一位老先生关照的，给三位再添一份。"我正诧异，吴彬拊掌："哈哈，老沈还是来了，这是他惯技！"举目一望，隔很远一桌，有一位上年纪老先生，身着西装，背对我们默默用餐。我们仨过去揭穿他的老把戏，他却立起身说起一口宁波老话，双手一摊，作愕然状："哎呀学勤兄，吾是路过，路过呵，勿是存心格。碰着朋友吃饭，关照服务生送一只菜过去，迭个是老早辰光阿拉上海老规矩，侬晓得格嘛！"

　　吾不晓得"迭个老规矩"。但见一张"旧社会"的脸，一副很无辜的样子，皱褶深深，一展开，笑意暖人。一转眼，他今年满了八十八岁，"旧社会"的事没有了，"旧社会"的脸应该还在？

"八八"老沈

吴　彬

"八八"者，"扒扒"也！

实际上，在那天大家灵机大动的哄笑声中，一致同意编出一本为老沈米寿称庆的册子时，出发点就是"扒一扒"他老人家。

自然，"扒"的宗旨，不是历数人尽皆知的沈公之光辉成就，而是挖挖他的"糗事"。我喜欢这个选题宗旨，人无痴无癖不是真实的人，不扒出一个别样老沈，怎能见出一位出版家的全部真实面相。所以我还是打算秉承初衷，从记忆里搜寻一番，为誉满江湖的老沈再添一份"异彩"。

当年的那个《读书》编辑部是个异数，老不像老、小不像小，官不像官、兵不像兵，一致之处是有一个共同的意愿：办好这份来之不易的刊物。创办这份杂志的前辈留下一条规则——主编的性格就是刊物的性格。这条规则在老沈做主编时贯彻到底了。那时《读书》那种被人广为称道的风格就是老沈性情的外化。

老沈的多种面相很有趣：他从上海滩一路走来，带有上海市井中的颖悟灵动和世俗烟火气；他又大半生游走在北京这等政治中心的学术文化圈里，有了根深蒂固的超越性理念。他前者对人、后者对文，南人北相，既不以古板拘泥拒人，也不以狡黠圆滑伤骨。两者对接，竟拼出一个堪称另类但不失完美的杂志掌门人。

老沈对编《读书》的那份责任感与执着，体现在改得满纸皆花的《读书》校样上。他一双严重白内障的眼睛终日贴在校样上，即便夜里睡着觉突然来了想法，也会马上爬起来伏到校样上动笔。对着有时已经过了四个校次仍然还改得密密麻麻、花成一片的校样，负责印制的同事往往叫苦不迭，连连抗议。看得出，老沈是在一百六十页的杂志里摸爬滚打，在其中享受，更在其中挣扎，他要寻找灵感，也要寻求新的生机。

老沈自有独特的工作和处世之道，他从不把自己包装成道貌岸然的"正人君子"，更乐意以"亦正亦邪"的面目示人，开口闭口"我是商人"。他也从不讳言自己做出版要赚钱，他在自己设计的"《读书》服务日"专栏中起个笔名叫"金香"，对应的是"铜臭"。他热衷于带领编辑部为一些出版机构组织活动或宣传新书，当然是要收些费用的。于是编辑部早早地有了复印机、传真机、打印机、空调等当时人民出版社大楼里独一无二的现代设备，他还置办了用来烹调以招待来宾的电磁炉、咖啡壶以及桌子、椅子。

兴兴头头地操作着这些像是他的玩具的东西，耳边是恨不能二十四小时不停的邓丽君的歌声，老沈真是心满意足，乐在其中。虽然他招待大家时，常因卫生太差而遭受讥嘲，比如他请喝咖啡的漂亮杯子上污痕道道，同仁们便拒绝使用；他说没关系他会洗洗，大家认为他的手不比杯子干净，他又表示会用肥皂洗手，老董（董秀玉）笑笑说：该先洗洗你那肥皂。即便如此，他还是用这些大大不符合卫生标准的家什，赢得了无数海内外学者的欢心，大大拓宽了刊物的作者群。

老沈不作兴正襟危坐地讨论稿件，他喜欢人声鼎沸、嘈杂一片的小饭馆，拉上三两位温文儒雅的学人，直着脖子一起大喊大叫地谈选题，这才是他尽兴的最佳状态。他爱好穿梭在学术沙龙里，用一口南腔北调的普通话大侃大聊，尤其是他喜欢说四个字的成语，但分不清四声的发音，常常听得人家一头雾水。他还爱与不懂中文的外国学者谈天，英语精到的同事说，他与人家聊两三个小时只用一个句型。老沈的俄文是自学的，年轻时就翻译过俄文书，他兴致勃勃地操俄语与俄罗斯学者对话，结果对方和翻译面面相觑谁都不懂。沈公时不时也要操练一下优雅的绅士风度，乐意模仿冯亦代先生为女士穿大衣，不幸的是，当他举着大衣一个箭步蹿过来时，会把人吓一大跳。

老沈习惯每天黎明时分就进办公室，晚上很晚不离开。有时我在附近剧场看完夜戏回家，从路经的公交车上抬眼望去，仍能见到办公室窗口的灯光。这倒不是他一个人的毛病，三联书店从范用到董秀玉三代掌门都有这种癖好。

说起老沈的办公室，看似杂乱无章，但他有自己的秩序，他要找的东西总能从乱七八糟的纸堆里扒出来。他的书柜是敞开的，里面的书不论是同事还是来访的作者，看中的可以随便拿。不过难得的或新到的书他会留下，但这些书恰好也是大家都想拿到手的。我终于琢磨出一个弄到这些书的绝招：待他正接待什么重要贵宾时，蹭进他的办公室，公然拿起书扬长而去。当着客人的面他无可奈何，客人走后他或许忘了，或许不好意思

　　　　　　　　　　　　　八八沈公

再找后账。赵丽雅、贾宝兰等同事们知道了这个"巧宗儿"后，也老实不客气地找机会去占便宜。

老沈博览群书，但不太读文学作品，上门约吴世昌先生写稿，竟告诉身为红学大家的老先生说没读过《红楼梦》。这话我倒是有几分相信，起码是没有认真通读过吧。不过这有时也是他避免费时间讨论不感兴趣问题的借口。于他而言，越能"多快好省"地联络到作者越好。他自称爱看影视作品，但他的看法是：看"警匪片"，警匪双方一开打就按快进键，直到匪们被打死，就算看完了；他看"爱情片"亦然，少男少女一相遇马上按快进键，进到双方"上床"就结束了。所以他看影视也是"多快好省"得无人能比。

老沈从来不隐瞒自己的出身是上海店铺的小学徒，还常津津乐道学生意的经历。若到上海开会组稿，则喜欢带我们走街串巷去忆旧，一一指点他曾经留下过足迹的地方：做学徒的银楼、吃东西的饭摊、读新闻的夜校，等等。麻烦的是当年他老人家出入其间时，这里还没有公交车，所以他如今也不知道如何乘车，一趟走下来着实不近。那个年头我还穿着高跟鞋，脚痛得实在撑不住了，要求买双平底鞋再继续参观。他乐滋滋地说，知道一家著名的鞋店，兴冲冲地带领前往，我进店一看哭笑不得，这里竟是专门经营绣花鞋的，与我这3寸×3的"金莲"如何匹配？

虽然闹了笑话，但正是这次上海之行，在连续几天认真参与及聆听会议讨论后，《读书》组织并刊出了六期在知识界引起强烈共鸣与思考的"人文精神讨论"专栏文章。

编杂志是一条风光无限也风险无限的长河，身在河边，清水濯足固然好，浊流浑水也得蹚，反正重点是涉水过河，办法没有也要有。就如他常讲的在美国住旅馆的故事：发现旅馆床上盖毯是紧压在床垫下面的，大大不同于国人的习惯。虽然在国内出发时经过专门指导，告知出国人员应留意的各种规矩，但如何处理被褥则没有涉及。他最后觉得还是不能坏了规矩，于是在毯子和床垫间扯开一条窄缝，挣扎着钻进去睡了觉——他自己总结说，有些时候，办法没啥对错，只求解决问题。"公无渡河，公竟渡河"，必要时，无论是否湿鞋，重要的是渡了河。也就是说当年出发的初衷是抵达，需要致力的是不折在半途。相信时至今日，八十八的沈公仍在兴高采烈地寻找着被褥之间可供进身的那道夹缝。

祝愿老人家永葆好兴致，乐此不疲、锲而不舍——何止于米，相期以茶！

沈公召集"思想体操"

张冠生

沈公昌文先生掌理《读书》笔政时，费孝通先生常有文章见刊。

费先生写文章，求经世致用，也为活动大脑，自称"思想体操"。这个意思，他曾直接说给《读书》编者、读者。

沈公赞同这说法，乐得费先生多做。费先生独乐之余，乐见众乐。

1997年到1998年，沈公促成费先生早年译著《甘肃土人的婚姻》在晓群兄主持的辽教社出版，为此多了来往。费先生对沈公素有赞词，此时嘱我传话，请沈公出面，找几个老先生，大家愿意见面，聚一聚，说说话，交流交流想法，活动活动大脑。

1998 年 1 月 23 日下午，陪沈公到北太平庄四号院费宅，落座于费先生书房兼卧室。沈公说："费老，冠生对我说了您的想法。我知道，其他老先生也有类似的想法。我想过一段时间，找几个同是做学问的老人，一起见见面，聊聊天。像您说的，做做大脑体操。"

费先生说："好啊。咱们不叫'俱乐部'。那样让人联想太多。有些人老是有些奇奇怪怪的想法。现在社会变化太快，我总觉得跟不上。去年年底我去上海浦东调查农民问题。我问我的警卫员，对上海有什么印象。他说了一句：上海夜里比白天好。这话很有意思，背后有个东西，就是日夜颠倒。"

几个月后，沈公约定了些朋友。6 月 13 日，聚会于华北大酒店姑苏厅。

最先到场者是李锐。第二位，曾彦修。费先生第三。接着，沈公、庞朴、蔡仲德、资中筠、陈乐民、龚育之、王蒙等先生依次驾到。

坐定，沈公向诸位说明缘由——前不久到费老府上拜访，说起交流话题。后与各位沟通，建议不定期小聚一次，见见面，谈谈天，得到众贤达赞同。于是代为联络，找个大家都在北京的时间，定个地方聚聚。今天实现了这个愿望，得有这次雅集，应该感谢费老的倡议。

我们有请费老开场。

费先生说：我快九十岁了。耳朵不大好了，嘴巴也不大灵，可是脑筋还在动，就同昌文兄商量，想找点办法。在座不少人的文章我都看过，就是没有见过人。做编辑工作的人同这些作者都有来往，不妨再做点工作，让大家有机会见见面，有点来往，交流交流思想。

我现在感觉到，社会的变化的确是太大了。各个年龄组不通了，讲话都讲不上了。各人讲各人的，圈子越来越小。这样恐怕不行。所以需要扩大一点，大家多接触接触，思想也见面。我们隔上一段，就找个地方聚聚，请昌文兄主持，做东。这也许是个好办法。老来有个节目。

又有人接下话头，说：我们国家也好，整个世界局势也好，现在似乎是都到了又一个关口了。二十世纪里，真正像样的思潮，我认为只有两个。一个是资本主义，一个是社会主义。社会主义现在倒霉，这是事实，但是社会主义是不会断根的，也不应该断根的。这是我的思想。是不是我太"左"了？我相信自己并不"左"。我们这样的人，要多动点脑筋。一百年的教训，我们几乎是亲历了。现在确实值得前瞻后顾，深思一番。像李锐这样敢于想又敢于奋笔直书的同志非常少，但是敢于想的人却是非常多。

．　最后是资中筠先生，他说：最近，我从南到北都听到人们在谈论"罗斯福新政"。有些人到我家里来，也问什么是"罗斯福新政"。我去上海，上海人也在谈"罗斯福新政"。如果要搞"罗斯福新政"，首先要把政府弄干净、弄廉洁。我们现在的一些谋士，往往只从经济上看问题，并且在纸上演算。算来算去，一下子就可以增长很高，简直不得了，乐观得很。可是这里边缺乏对人文因素的考虑，还有法治的条件、体质的因素，等等。所以，我想说明一下，我们与当时美国搞"新政"的背景太不一样了！

一人一段，热烈，精彩。费先生一人的"思想体操"，引出小组方式的思想交流，现场参与者都有愉悦、舒展之感。

事后，沈公说过好几次，琢磨着为这雅集命名。"思想体操"？"思想操练"？"××对话"？……打算到下一次雅集时征询众人意见，看怎么定。

事有遗憾。李锐先生当时说"说不准"，是指发展方向，未料即便这种雅集能否持续也说不准。从那天起，到

44

现在，二十多年过去，众人期待的"下一次"迟迟未至。

费先生走了，曾先生走了，李先生走了，陈先生、庞先生、蔡先生……都走了。沈公还在，健在。打算到他八八大寿之日问问他：什么感受？

沈公与"《读书》标准"

赵丽雅

《读书》和我相伴已有四十年，不过我和《读书》的亲密接触只有十年。这十年，便是和沈公在一起的日子，其间的种种琐细，都已经写在《〈读书〉十年》里。只是关于沈公对我的影响，在此之前并没有认真总结过，——影响总是潜移默化的，很难条理分明总结出来。不过这会儿却是忽然想到，要说影响，最深的恐怕是读书、写书都有了一个"《读书》标准"。沈公一定会说：这个标准可不是我定的，我不过是秉承吕叔湘、陈原诸位先生的既定方针。且不论源头在何处，这个标准是存在的，用当今流行的"极简"法，可以概括为两个字：好看。对此我倒是不止一次写过文章，也可见影响之深。心里横了这样一个"《读书》标准"，既有受用不尽的好处，也有摆脱不掉的坏处。好处不必细论，坏处是至今写不出一篇中规中矩的学术论文。早年用了这个标准指导小儿写毕业论文，竟导致第一次答辩没通过，委实害人不浅。

涉及"《读书》标准"的还有重要一项，即绝不滥用阿拉伯数字。沈公当然也会说，这可不是我定的，是遵循吕叔湘、陈原诸位先生的旨意。而懂得汉语，懂得使用汉语，才能够明白滥用阿拉伯数字是对汉语的践踏。万分庆幸的是，这一项原则《读书》始终不渝贯彻至今。而反观当下各种出版物，无语而已。

两则写于二十五年前的小文，曾附录于《〈读书〉十年》。今检出这几行文字，重温当年的感受，觉得它可以在这里再当一回附录。

"不三不四"的《读书》

《读书》已经创刊十五年了。它以渗透的方式，影响着一批固定的和不固定的读者。

十五年的时间，它差不多已经有了第二代读者和第二代作者。生造一个与轰动效应相对应的词，可以说，《读书》所产生的，是渗透效应。

十五年的时间，可以构成一段历史了，——这十五年的时间，又是中国社会一个急剧变革的时期。《读书》处在变化中，却不完全为这种大变化所左右，而保存了一个相对稳定的小气候，这也是人们回过头来看它的历史时，感到惊异的。

《读书》编辑部很长时间以来，对外是关着门的，——只以刊物面向外部的世界。近一二年来，好像稍稍开了一点儿缝，于是有了一些关于内幕的报道见诸报章。于是人们知道了它的内部组成：一个主编是男的，三个编辑是女的。

一个主编是男的，天经地义；三个编辑是女的，就令人大为惊奇。一时间，令誉腾起：三女将、女豪杰、女强人、巾帼英雄……其实，三个人果然如此风姿的话，《读书》会成什么样子，该是个疑问。大概正因为三位普普通通的女性，一没有男人治国平天下的事业心，二没有男人显身扬名的功名心，并且，没有扛起女权主义的大旗，一位男性主编才能够从从容容坐镇指挥，——这应该是极简单的道理。

这样的组成，并不是有意的淘汰与选择，毋宁说是天缘凑泊。缘分，也许比任何一种刻意的选择，都更具备合理性。

四个人，一半没受过系统的、正规的高等教育，一半根本就是勉勉强强的中学毕业。说起来大家都挺伤心，但却因此而少了点束缚，多了点跑野马的不羁之气；又因此而逐渐形成一种独特的思维方式，也算是不幸之幸。

说独特，实在也并非什么独特，不过是在长期以来大一统的、程式化的、排他性的思维方式之外，保持了一种独立思考的精神。既不为前者所限，又不与它对立；既非媚俗阿世，又不是剑拔弩张，只是"温柔敦厚"坚持着独立思考的权利。这就是《读书》的立足点。严格说来，它不是反叛，不是革命，而是以思维方式的变革，在意识形态领域里进行渗透式的"和平演变"。自然，这是一个极小的范围，——只限于它的作者和读者。

有人称《读书》是知识界的一面旗帜，不惟过誉，且比喻不当。如果它是旗帜，在几回风、几回浪中，早该被拔掉了；如果它是旗帜，在百万大军中，早该被更鲜明、更激进的旗帜超越了。它从来不是猎猎迎风的旗帜，而是地表深处的潜流：不张扬，惟渗透。这是它的坚忍，也是它的狡狯，更是生存竞争中锻炼出来的品格。

由此而形成的语言风格也是独特的：不是美文，不是社论文体；不是矫揉造作妆点出来的华丽，不是盛气凌人的教训口吻。是打破老八股、新八股，即程式化的语言，而体现出来的纷纭的个性风格。这风格不是《读书》的，而是作者的。自由运思、各具面貌的个性风格聚在一起，才是《读书》的风格。

它似乎不太有学术气质。借用《读书》中一篇文章的题目，可以说它提供了"思维的乐趣"；或者说，是思维的别一途径，是观察世相、评说世相的别一角度。《读书》人常说的"思想操练""语言操练"，也可看作是这同一意思的不同表达。

对编辑部诸同仁来说，编《读书》，不是糊口的职业，而是一份爱好，一份生命的寄托。编辑的"存在"，与《读书》的"存在"，几乎融为一体——他们从《读书》的"存在"中，发现了自身"存在"的意义。所以，编辑部的管理方式是无序的，非程式化的。绝少召开正襟危坐的工作会议，绝少正儿八经地分析、讨论国内外形势。除了受生产周期的制约之外，几乎再没有什么严格的规章制度。它的运转，靠的是配合默契，——不仅编辑部同仁之间，而且，《读书》与它的作者、它的读者，也常常有一种意想不到的、可遇而不可求的默契。《读书》虽关注社会，却并不具备特别的敏感，它的敏感，仅仅是对读书人敏感点的敏感，而这，也全靠的是默契。

今年第一期中的"编辑室日志"中，有一段夫子自道："说三道四"，"不三不四"，编辑之道，在于此乎？

以"编辑室日志"的一贯诚实而言，这一次，它也应该是诚实的。

营造文化阁楼

——再说"不三不四"的《读书》

刚刚看到最新的一期《读书》（1994 年第 11 期），题为《文化阁楼》的"编辑室日志"，对文化空间的解读，颇觉精彩。它说：从这样一种特别的机智中，忽而想到了编辑部成员的籍贯。不知该称作凑巧还是该称作缘分，这几个人，正好是一个南北集合体——主编祖籍宁波，成长在上海，成就在北京。三位编辑，两位是江南血统、北京长大的南人。如果说南方滋养机敏和聪明，北方造就胆略和气度的话，《读书》就是二者恰到好处的融合。京派或曰学院派的沉稳与厚实，海派的灵秀与敏锐，互为渗透，相得益彰，形成了《读书》特色。

《读书》很早就把自己定位于文化边际——用目前的最新说法，就是"文化阁楼"——从此便稳稳地保持身份，绝少再作争取更大荣誉的努力，至少是不作"牺牲"式的努力。并非不问政治，但政治进入《读书》的时候，已被纳入了文化讨论的范畴。也并非没有激情，但激情出现在《读书》的时候，已经是冷静思考之后的沉淀。与政治的若即若离，或曰"淡定地面对主义"，使它虽处漩涡中心，却能不失去身份，不偏离位置，稳妥、扎实地做它所愿意做的事情。

它所愿意做的事情，不大，也不算太小。可以说，是以海派的灵秀与敏锐，去不断发现新的思考点，并很快找到恰切的表达方式；又以京派的沉稳与厚实，使思考不致流于肤浅与空泛。它决不"领导新潮流"，但在它所营造的文化阁楼里，总是空气新鲜，虽然恒常有一种古典式的庄重。

并且，它处在"官"的包围之中，却绝无官方色彩。与城市的喧嚣与繁华保持着距离，又时常投入一份关注。作者中的两大骨干力量，一为北京，一为上海。在京的"海派"和在沪的"京派"，在这一间"文化阁楼"里，似乎最是如鱼得水。

大概也就因此罢，《读书》有了一种特别的宽容，——对它的作者，不以学术派别和成见来范围：既然是思想操练、语言操练，何妨都来做一做？又因此，它虽然从不有意惊世骇俗，却常常意外惊世骇俗。（第八期出版，有先睹为快者，对英伦文事专栏中的《蓝色电影诗人》已不胜惊讶了）

《读书》的风格，极大的程度体现了主编风格。主编先生常说的一句话是"以谈恋爱的方式谈工作"。可以把它解释为以充满感情色彩的语言，代替枯燥僵化的公文语言；以带有人情味的交流方式，代替刻板的上下级关系。这样一种领导作风，这样一种作风所造就的小环境、小气候，对《读书》风格与气质的形成，当然大有关系。不过这种方式是不能推广的，——它只适用于这样一个天然凑泊的小群体。

主编先生患有严重的白内障。可奇怪的是，凡是他想看见的，所见绝对比明眼人只多不少。凡他所不欲见，即近在眼前，也一如"盲点"。一位朋友说："《读书》的主编，智可及，愚不可及。"如果不是深解他的为人，说不出这样的见道之言。自然疾病并不是一份恩赐的智慧，不过是"此人而有此疾"，又是一份天然凑泊。

某日，大家在一起说张爱玲。主编先生一旁从容言道："其实，最可欣赏的，是张爱玲的姑姑。"仿佛不经意道出了《读书》的编辑主张。

的确，《读书》不是思想家、学问家的天下，也不是才子、才女的天下。凡进入这间阁楼谈天说地的思想家、学问家，才子、才女，都作的是"姑姑语录"式的发言。他们在这里不是表明身份，而是表现智慧。《读书》之"不三不四"，这里是关键之一。

以《读书》之微末，在都市中简直算不得风景。不过整个的都市风景中如果没有它，就满满腾腾没有了一点儿空白，所以它是 space，——是挤满了字的书中不能缺少的间隔，是喧阗的"有"中不能没有的淡然的"无"。

旧事与忆往

赵越胜

第一次见沈公，是在 1987 年初春。我被甘阳拉去参加"文化：中国与世界"编委会与三联书店的一次业务洽谈，地点在朝内大街人民出版社大楼。那时三联书店已经恢复建制，但还没有自己独立的办公地点。沈公是以三联书店总经理的身份和我们见面，编委会方面出席的人有甘阳、苏国勋大哥、王炜和我，三联方面则是沈公和董秀玉女士。当时编委会已经和三联开始合作，出版"现代西方学术文库""新知文库"两大译丛，同时也筹备出版"文化：中国与世界"研究集刊。1986 年 12 月 10 日，编委会在《光明日报》上打出整版广告，列举自己的大部分选题，出版方就是三联书店。和三联合作，用甘阳的话说是"找对地方了"，因为丛书筹备伊始，合作者是工人出版社，和甘阳联系的人是何家栋先生。何先生是个思想开放的改革派，人也极诚恳敦厚。但甘阳对丛书的设想，从气质上就和他不合拍，况且何先生还是按老习惯办事儿，要找个什么名人来给丛书当个挂名主编。甘阳恼了，说："岂有此理，谁能给咱们当主编？！"当然，在甘阳心里，能当这套丛书的主编的，除了他也就只有上帝了。

随后，经王焱介绍，甘阳和沈公谈妥，由三联书店和编委会合作。沈公后来回忆这段合作因缘时说："那时听说一些青年学者组织了这样一个编委会，赶紧寻求合作。他们已经同有的出版社有联系，我们表现了极大诚恳，终于拉过来了。"记得甘阳和沈公见面谈定合作之后，打电话叫我立刻到他家去，他那会儿住在小黄庄。王炜借给了他两间小屋，屋里到处都放着稿件。甘阳高兴得不得了，根本坐不下来，手拿着烟卷在屋里走来走去，滔滔不绝地跟我讲与三联合作的好处与前景。他强调的几个重点是：一，三联书店是民国时代的大牌子，有文脉相承；二，沈公是最懂文化的商人，他懂得我们选题的前瞻性，对丛书的商业前景也颇看好；三，他明白甘阳对编委会的构想，承诺完全不干涉编委会的工作，一切选题、编写，全由编委会负责，他只管印书和付钱。这在当时可谓是破天荒，因为这打破了出版界多年的惯例，由我们这些青年人自主决定出什么书。与三联合作，让甘阳有双重的满足：首先，他可以自主实现他宏大的文化设想；其次，沈公的这个做法等于承认了编委会的学术水准。甘阳后来说："这帮人都是很狂妄的，就是说海德格尔是我们译的，还有谁有资格来审我们的稿。"

那天讨论的主题和编写费有关。因为编委会有人觉得，编写费的标准和书的印数，也就是和三联的收益相比，有点吃亏。像《存在与时间》这样艰深的书，居然印到七万册。《存在与虚无》竟然印到十万册。似乎当时的青年人若不懂"诗意的栖居"，说不上几句"存在先于本质"，都不好意思谈恋爱。甘阳似乎提出了一个编写费按印数比例提取的建议。当时王炜负责编委会的财务，我对算账这种事儿本来就不大关心，只是为了一睹沈公风采，才被甘阳说动去参加会谈。

我们先到会客室坐下等待，董秀玉女士到了，和大家一一握手，很诚恳的样子。不经意间一位中等身材的男子进来了，他走路很轻又很快，让我觉得他好像是"飘"进来的。因为甘阳他们已和沈公很熟，所以根本没作介绍，我猜这就是沈先生。他比我想象的年轻得多，戴着厚厚的眼镜儿，说话很客气，看不出是位领导，倒像一位中学教师。那时大家还称他沈先生，何时改称沈公的？怕是在他年高以后吧。沈公坐下就开口讲话，夸赞了一通编委会的工作成绩，还提到了编写的质量，也是表扬为主。"现代西方学术文库"在三联印的第一部书，是周国平译的《尼采美学文选：悲剧的诞生》。我是这部书的责任编委，自认为对文字还算认真，所以听沈公表扬，心中多少有点得意。沈先生洋洋洒洒讲了一通，和那天要讨论的主题全无关系。我正琢磨着何时能入主题，沈公的话却戛然而止。他起身双手一揖，说抱歉，他还有个要紧的会要开，先告辞了。至于具体事项，由董秀玉女士和我们细谈。随后，又轻快地"飘"出了会议室。我顿时想起甘阳对他的评语"最懂文化的商人"。但这会儿，懂不懂文化还没看出来，一个狡猾的商人形象已然确立。我记不起来那天编委会从三联那里是不是争到更多权益，但以沈公这种"避实就虚"的功夫，怕也难。

以后再见沈公，大多是在《读书》服务日。他总是一副谦谦君子的样子，可我却见他发过脾气。那天在服务日，我正和丽雅闲聊，沈公过来了，不像往日满脸堆笑，倒是绷着脸，厉声对丽雅说话，好像是嫌新书展示台布置得不好，有些书摆放的位置不对之类的事儿。事情不大，但他那副较真儿的样子挺吓人。丽雅乖，立即起身随他到了展书台，我远远看见沈公拿起几本书重新摆放，似乎在教丽雅如何展示新书。这让我见到了他"暴躁"的一面。但后来再见面，他又恢复了温和宽厚的样子，不但没脾气，还挺爱"自曝其短"，从不避讳他银楼学徒出身，没读过名牌大学。当初走进出版界，也没想追求什么伟大理想，只是想"找个吃饭的地方"。但言谈话语中，不自觉地流露出他对书的"痴爱"，让我对他有了亲近感。在一个愚蠢充满自信的时代，你碰到一位爱书的人，好像遇难的水手在孤岛上碰到了同伴。人之爱书，就是知道自己无知，而想丰富自己，变得聪明。一个人知道什么是好书，并且愿意尽一己之力，让更多的人都能读到，必是善根深植，秉性良厚。所以见到沈公谈起一本好书便眉飞色舞，而且总想办法把它出来，让更多的人分享，我便敬意油生。

与沈公熟悉的人，都知道他爱搞"工作餐"。1988年春天，他在"小马克西姆餐厅"有一次简单的工作餐，忘记为什么他要我一起去。这个餐厅在崇文门老新侨饭店前面，似乎是皮尔·卡丹的马克西姆餐厅的通俗版。那天上午我正巧陪丽雅女史去外文书店淘唱片，颇有斩获。到餐厅时，沈公已在等候，是《读书》编辑部的一个活动，杨丽华和吴彬都在。去这个餐厅的人不多，所以里面相当清净，柔美的音乐伴着淡淡的奶油味儿，弥散在高大敞亮的厅堂中。吃饭前丽雅给大家展示刚觅到的唱片，我一时技痒，说了些听不同演奏版本的心得。大家谈得很热烈，唯有沈公没有加入谈话，坐在那里有点落寞的样子。我不知好歹地问他一句，您听这些东西吗？他一句话怼回来，我只爱听邓丽君！我一时无语，心里翻上几句不恭的话，没敢说出来。后来读沈公的书才明白，他不听贝多芬是阶级斗争惹的祸。他说："以后上了北京，天天是无休止的斗争——阶级斗争，加上为自己的生存而斗争，实在顾不上去学习欣赏什么贝多芬。"而他后来听邓丽君却悟出"这位邓小姐的寻求孤独的极境是她的生命的终结，可以说此人是以身殉个性，殉孤独的"。这个感觉有些奇特，我不记得邓小姐曾有过裂帛之声。她的歌只是一味地似水柔情，而沈公能从这缠绵悱恻中听出刚烈的孤魂，我猜是邓小姐的歌声，唱出了沈公每日欢颜下深藏的寂寥吧，"冠盖满京华，斯人独憔悴"。是欤？非欤？

我第一次给《读书》投稿，就被沈公退了，这其中的缘由，我在别处讲过。不过，我去国前与沈公最后一次见面，竟又和他退稿的事儿沾上了边儿。那天我本是去东四街道办事处看望《读书》的姐们儿，正巧遇上独坐愁城的沈公。在那"落叶满长安"的时节，我们漠然相对，他没忍住，给我展示了某公手泽，我却不知轻重地出言讥讽他，完全不体会他惶惶不可终日的心境，每一回想，都痛悔不已。沈公他们这一代人，在出版界干事儿不容易啊。

去国之后，我与沈公仍时常通点消息。1997年初秋，沈公来巴黎了。我陪他到 Bistro Romain 吃饭，席间听他谈些我走后的奇闻逸事，也谈及他个人的出入际遇，语多娓娓，显出置身事外的平和。饭后接沈公回家，他告我中午定要小憩片刻，我请他到客房小睡，他坚不允，只是要一把能靠的椅子，于是便在一把扶手椅上入定，片刻便有轻轻鼾声。巴黎的初秋气候宜人，轻风拂帷，小鸟唧啾，沈公就在这异国的宁静中安睡着。

下午，洛朗来，他也是我在北京的熟人，沈公跟他谈些版权方面的业务。晚上我给沈公做了顿饭，想我竟敢给他这么个大美食家做饭，胆子也忒大了点儿。沈公走了，带走了我的地址，随后就常有航邮包裹寄来，先是《万象》，后又有一沓沓的《生活周刊》，每个邮件上的地址都是沈公手泽，想着邮寄的琐事都是他亲自打点，心中的感激无以言表。

2006年底，去国十七年后，我回国探亲。到京就请于奇帮我约沈公，并不是为了要当面谢他这些年为我寄的书刊，只是想要见到他，听他说说这些年他所经历的那些事情。这些经历都已凝结成历史，构成我们生活的一部分。沈公约我们去三联大楼的咖啡厅，建这座大楼的故事已听他讲过，但走进这座大楼，仍让我吃惊。想想我与沈公分手是在东四街道办事处，那里水泥地面粗粗拉拉，墙上油漆斑驳陆离，窗户上钉的铁栅栏锈迹斑斑，而眼前这大厅高敞豁亮，满目书籍琳琅，两相比较，所差何止天壤。那天吴彬、丽雅都来了，我们坐在咖啡厅闲聊，见两位女史仍像从前一样和沈公开玩笑，时不时挤对他两句，沈公一副受用的样子。看《读书》老班底仍旧亲密无间，心中不知几多感慨。后来每次回国，沈公总要呼朋唤友，来一起吃饭。每次都是他买单，他说这是辽教出版社给他的待遇，他为辽教工作不取报酬，辽教为他报销"谈情说爱"的费用。话是这么说，结账时，他总要找出饭店的优惠券算清楚，我说何必这么仔细，他说不是为了自己省钱，是为辽教出版社节省费用。一次在娃哈哈饭店分手，沈公与大家道别，背上他的双肩挎包，与丽雅一起登上自行车，在滚滚车流中翩然而去，我想沈公如何不老呢？

今年 3 月回京，又请于奇约沈公，他选定西总布胡同 77 咖啡室见面。东单北大街变化太大，西总布胡同，这条从前闭着眼睛都走不错的地方，我竟一时找不到，徘徊良久，直到看见于奇和冠中来了，才知道没走错。沈公已在咖啡室落座，见我们高兴地起身招呼，又要啤酒又要小菜，忙个不停。我拉他坐下，知他几年来听力下降，便靠近他说话。我与沈公已六年未见，不忍说沈公老了，只是身上又多了岁月流逝的痕迹。沈公早已是泉间林下之人，话题当然多虚无缥缈之事。其实朋友们见面本不为什么具体事由，只为相坐相望，在友谊的蕴藉中，充实彼此的生命。只有片刻，沈公说起自己虽平生萧瑟，但退休金不薄，以至没地方花。他不断要我们添酒添菜，说"退休金花不完呐"。好像我们多吃多喝，能帮他消耗点儿退休金。而我却在想，何来平生萧瑟呢？想沈公自八十年代初起，复三联，主《读书》，编"万有"，业绩煌煌，莫不正应了老杜所吟"庾信平生最萧瑟，暮年诗赋动江关"吗？平生萧瑟，正是忆旧的怅惘。当我们老去，在清冷的黄昏，吹起追忆的洞箫，那裹挟而来一并涌现的，便是我们全部生命的在场。

走出咖啡室与沈公告别时，已是日瘦暮薄。胡同西口，东单北大街上，市声沸天，而记忆中的旧市井一鹤杳然。眼前的沈公，要东行返家，我见街上快递电动单车无声地倏忽往来，很不安全，便执意要陪沈公回家，沈公坚拒。站在街上僵持了一会儿，善解人意的于奇说"你走吧，老人家不愿你看他走路缓慢的样子，我们会跟着他，看着他回家"。于是，与沈公拥别，道一声珍重再见，便掉头西去。到胡同口，我驻足回望，见沈公背着双肩挎包的背影，缓慢却坚实地渐渐远去。噢，沈公，不知何时才能再见？

沈公传奇之吉光片羽

江晓原

我与沈公的交往，若以"神交"言之，已有四十年历史，可谓久矣。然而我对沈公的印象，却是零零碎碎拼凑起来的。这些零碎的印象，有的属我亲历，有的得之于传闻，有的来自文献记载，有的出于个人解读，拼合起来，或许能够形成沈公一个鲜活的侧面。

沈公与扫地僧

我第一次见沈公，是在怎样一个场合已经记不起来了，只记得当时有一些报纸记者，沈公对他们自我介绍说：我是三联下岗职工沈昌文。然后又加了一句：我在三联扫地。那时我的弟子穆蕴秋还在我指导下攻读博士学位，有一天我偶然和她说起记忆中沈公这两句奇特的话，她立刻想到了金庸《天龙八部》第四十三章《王霸雄图，血海深恨，尽归尘土》中的少林寺藏经阁扫地僧，大为叹服道：沈公厉害，他是在以扫地僧自况啊！当然，这是她的个人解读，沈公当时是不是在以扫地僧自况，那只有沈公自己知道。不过，以沈公在出版界江湖的勋业和名声地位，真要以扫地僧自况一回，自然也无不可。

其实我和沈公打交道，可以追溯到整整四十年前。只是说来奇怪，这番交道当时我自己并不知晓，所以可称之为"神交"。却说那时我还在南京大学天文系念本科，但已经成了刚刚创刊的《读书》杂志的粉丝。有一次心血来潮，给《读书》编辑部写了一封读者来信，建议他们给自己另外取个英文刊名，不要叫作"DUSHU"——这个建议直到今天《读书》也没有采纳。但令人惊奇的是，我的这封读者来信，沈公居然一直保存着，而且还在他晚年的书中提到了，并登了信件的照片！这就让我着实受宠若惊了。

随着我在学术江湖混迹日久，渐渐真的和沈公有了小小交集。记得有一次我正和一位编辑好友一起在三联的图书中心看书，忽遇沈公，他说他正要在附近的饭店请客吃饭，既然在此处邂逅，就邀我和女编辑一同赴席。长者之命，自当遵从，记忆中这是我第一次和沈公同席。饭局非常愉快，我只记得席上沈公被一众才女包围着，她们燕语莺声，用种种甜言蜜语赞美沈公，沈公则怡然自若，一派老神仙风范。

沈公与"三结义"

沈公是一个热爱工作的人，他在《"海豚书馆"缘起》一文中说："俞晓群、陆灏和我，在将近二十年前就有过一次'三结义'。……这时我概括过自己的心情：出于爱的不爱和出于不爱的爱。我只能离开我钟爱的原单位，同新结识的朋友们去'三结义'了。"延用"桃园三结义"的比喻，沈公最年长，自然是刘玄德了，那关、张二位，偏偏和我都是多年的朋友。特别是俞晓群，每次"南巡"上海，必会招宴。在他的饭局上，有多次是他们"三结义"都在的，于是又得到亲近沈公的机会。

沈公提到的"三结义"成果之一，是 1998 年创刊的《万象》杂志。我为这本杂志写过多次稿件，这当然是因为我自己喜欢这份杂志，特别是喜欢她的风格。在沈公"三结义"中的陆灏离开《万象》杂志之后，继任者仍然保持了陆灏的风格，直至杂志寿终正寝。我保存着《万象》从创刊直到 2013 年结束的全套杂志。

沈公负责《读书》杂志多年，曾为她付出过大量心血，那肯定是沈公"爱"的对象。当然《读书》杂志也是我"爱"的对象，不过我之"爱"与沈公之"爱"不可同日而语，我只是保存着《读书》从创刊以来的全套杂志，并且不时为她写稿，略效绵薄之力而已。

记得那时《读书》杂志正在经历着她历史上文本最不吸引人的阶段——所幸这个阶段早已经结束了。沈公当时有名言曰："我现在不看《读书》了，只看《万象》杂志。"这话大得我心，因为我当时《读书》杂志也看得越来越少了，只是出于怀旧心理、恋旧情怀，对她的常年订阅依然继续着。那时我也贡献了一句小小的"名言"，这"名言"后来被沈公载入他的《也无风雨也无晴》一书中："江晓原教授近年有一句名言：'我忽然发现《读书》近年变得不好看的原因了！哈哈，那是因为——李零已经不在上面写文章了。'此语在网上流传极广。"

我有幸被沈公品鉴的"名言"虽属玩笑，却也能再次得到印证：《读书》不久之后就在很大程度上回归了沈公先前重视文本可读性的传统，那上面又有好读的文章了，而与此同时李零也恢复在《读书》上写文章了。

沈公与《读书》杂志之思想及文本

沈公在图书出版界江湖上的惊人艺业，我不大敢置喙，那得是沈公"三结义"中写了三大本《一个人的出版史》的俞晓群那样的资深优秀出版人才有资格谈论的。但是对于《读书》杂志，我自认有一点一孔之见，或许值得说两句。这也是我后来学习了沈公的著作，回顾前尘往事，得到的一点体会和印证。

《读书》创刊之时，正值改革开放之始，但承"文革"余绪，许多"左"的思想和观念，仍然禁锢着许多人的头脑。故此时的思想解放，就是要冲破"左"的桎梏，勇于学习西方的先进之处。《读书》创刊号上《读书无禁区》一文，就深合此旨。那时《读书》上大量秉持此旨的文章，让我爱不释手，印象深刻。近读沈公题赠《阁楼人语：〈读书〉的知识分子记忆》一书，谈及《读书》创办时的宗旨，竟是"以书为中心的思想评论刊物"，不觉掩卷而兴"难怪如此"之叹！

将《读书》办成一份"以书为中心的思想评论刊

物"，在当时是有很大阻力的。沈公回忆说："有一天，听一位舆论界的领导人在嘟囔：一家出版社，怎么办起思想评论杂志来了，那不已经有了《红旗》吗？"奇妙的是，这番话却帮助沈公领会了《读书》的使命。

现在回忆起来，在二十世纪七八十年代之交，初创的《读书》之所以会吸引我这样一个天体物理专业的理科大学生，"思想解放"是一个非常重要的原因。在《读书》创刊的前一年，即1978年，最让中国科学界兴奋的事，莫过于"科学的春天"。其实《读书》当初的使命，又何尝不是在呼唤人文学术的春天呢？

《读书》吸引我的第二个原因，用大白话来说，就是《读书》上的文章好读。用学术黑话包装一下就是"对文本有美学追求"。我当时只是感觉《读书》上的许多文章与其他杂志上的明显不同，《读书》的许多作者学植深厚，还能有一番锦心绣口，所以让我特别爱读，却不知这也正是《读书》有意追求的境界。近读沈公题赠之《也无风雨也无晴》，对此得到有力印证。里面谈到当时对《读书》上文章的要求，首先是"厚积薄发，行而有文"，甚至"不文不发"。沈公回忆说："我们退掉过很多著名学者的稿子，他们的观点很可以，但是文笔实在不行。"

像《读书》这样在文本上的美学追求，是会给她的作者们带来荣誉感的。我想到的最典型也最八卦的例子，是张鸣教授在文章中提供的。他说他在求学时代，室友心心念念的是要在《中国社会科学》上发文章，而他念兹在兹的却是想在《读书》杂志上发文章，只是老也发不成，让他十分郁闷。想想《中国社会科学》今天的学术地位，在那上面发一篇文章，在今天的体制内就是难能可贵、可喜可贺之事，可是在当年张教授眼中，和《读书》相比居然何足道哉！《读书》能被学人如此心仪，它在文本上的美学追求，沈公"不文不发"的提倡之功，诚不可没。

沈公之神仙岁月

沈公晚年，游戏人间，常背着小青年们喜欢的双肩包，自称"问题老年"，还经常拿他和那些年轻貌美的女编辑们的亲密关系开玩笑。女编辑们都不以为忤，她们爱戴他，"宠幸"着他，在饭局上用各种甜言蜜语去哄慰他。旁人观之，竟是一派和谐，殆近于朱熹《诗集传》中所言"圣人道大德全，无可不可"之境界矣。

2015年8月，我的科幻影评集《江晓原科幻电影指南》在一年一度的上海书展上发布，沈公亲自前来为我站台，和沈公一起站台的还有著名科幻作家刘慈欣、沈公的"三结义"俞晓群、著名影评作家毛尖，他们都对拙著作了热情洋溢的评价和推荐。这也许是我和沈公发生过的唯一的一次"工作联系"了。

练家子的享受

郝明义

此刻是 2019 年 5 月 4 日深夜。在"五四"一百周年的日子写这篇文章，想起今年也刚好是我认识沈公三十周年。

1989 年秋天，我头一次去北京。去北京要拜码头认识的人里，大家都告诉我三联书店总经理沈昌文这个名字。所以想到北京，想到大陆的出版业，首先浮上心头的都是沈公。

第一次见到沈公的情景难忘。

在王府井一家饭店，外面秋阳烁目，店内是相形阴暗的大厅，我眼前是一位活脱脱武侠小说里"深蕴内敛的中年练家子"。

开始的时候有这个印象，是因为谈起对大陆（不只出版市场）的任何问题，讲起任何我想在大陆认识的人，他都能在言笑间轻松送出答案，直似剑光闪动，只见烛芯短了一截的行云流水。后来和沈公熟了，知道他练了几十年气功，当真是大小周天、任督二脉都打通，当然就让"练家子"的印象更深化了。

多年来，沈公是我了解大陆的百科全书。

但是要在他八八大寿的日子说我真正难忘也感谢的，却是一些他言简意赅、归纳极其精准的人生体悟。

举一个例子。

多年前，我在一件事情上被人家设局，事后很不甘心，想要反击。闻风而来，愿意提供"火力"支持的人不少，该如何取舍，一时拿捏不定。

正好我去北京，就请教沈公。

沈公几乎没什么考虑，大致跟我说了这么一点：你用了某人的"火力"，就等于承认此人是你的"战友"。想要攻击敌人是一回事，但你也得考虑自己是否真的乐意和此人是同一阵线。

这句话让我受益良多。

一般人在气急攻心之下，只想摧毁自己痛恨的对象，不会考虑自己可以使用的火力到底是怎么来的。沈公的话，让我冷静下来，开始衡量究竟是泄愤的快感大，还是事后可能因为和一些价值观不同或不明的人沾上边而懊悔更甚。我发现是后者，就婉谢了那些火力支持。

行动之前，先评估战友是谁，先评估火力来源是什么，也成了我日后重要的行事守则。

这几年没见到沈公。中间遇到共同的朋友，问到沈公如何，都跟我说他生活依旧，常去潘家园，常坐公交车到处乱逛，餐宴照去，精神好得不得了，唯一就是耳背越来越严重。

去年此时，很高兴有机会和沈公约了在纽约一见。他问我最近在忙什么，我说我正在想"五四"一百周年的时候有个出版计划。

"你有什么书，有什么数据要我找的，就告诉我吧！"他在那家意大利餐厅里声若洪钟。

沈公因为练气功，精气神真的都非比常人，头发不染也乌黑，练家子的功力扎扎实实。在他身上能见到岁月痕迹的，确实只有耳背。也因为如此，他开口说话的声音就特别大。

我问他家人怎么不试一下助听器。他们说再好再贵的都买了，但沈公都说适应不了，不肯戴。

"其实戴一戴就会习惯，但是他就是不肯。"他们说。

"沈公，你怎么就不试试呢？"我在他耳边大声说。

沈公有个绝招。早在他耳背之前，就是对任何他不想回答的问题，都微微含笑以对。你再三问他，他就再三含笑。沈公这一招应该是跟陈原老学的。我听他说过有一年他跟陈原一起开会的情况。

那天，对助听器这个问题他就先是沉默，只是颔首微笑。

但后来，上甜点的时候，沈公突然对着我又中气洪亮地说："我早上出门，搭上公交车就坐到总站再坐回来。我可以一路看北京的风景，练自己的气功，别人说些什么我可以什么都听不到，你说这不是很享受吗？"

我听了之后，就大声地回他："享受！享受！真享受啊！"

沈公，八十八岁生日快乐。

我把我们出版的书寄给您请指教，也祝您继续练家子，继续享受一切。

沈公与"冬夜炉火"

雷 颐

沈公昌文先生米寿，祝贺祝贺。

提起沈公，大家都会想起《读书》。从 1979 年创刊到九十年代中期，《读书》可是中国当代文化的风向标。在当代中国文化、学术、思想的发展史上，在当代中国精神发育和公共空间建构中，如果只能评选一本杂志，无疑首推《读书》。而自己能与如此重要的杂志结缘，实在是人生之幸。在那几年，与《读书》结缘，自然就与沈公结缘，更是人生之幸事。

第一次知道《读书》，是"文革"结束的 1979 年春。正读大一，突然看到一本名为《读书》的杂志，创刊号，有一篇《读书无禁区》的文章，激动了好久。从此，锁定了以后的《读书》，期期不落。非常荣幸，几年后我就，确切说是"竟然"，成了她的作者。1987 年，《读书》第 6 期发表了我的文章，介绍美国学者鲍德威（David D. Buck）的著作，《中国都市变化：1890—1949 年山东济南的政治和发展》（*Urban Change in China, Politics and Development in Tsinan, Shantung, 1890—1949*）。这是我第一次给《读书》投稿，一个人都不认识，从邮局寄去。首投即中，当然是莫大的鼓励。能从《读书》的读者成为《读书》的作者，顿生"与有荣焉"之感。

虽然 1987 年就在《读书》发了文章，但不短的时间内，与编辑部仍无任何往来。其实编辑部离我工作单位和家都只一步之遥，来来往往经常从门前经过，可从未想过要进去拜访一下。直到 1990 年第 6 期发表《"破"后之"立"》，收到编辑部参加"《读书》服务日"的邀请信后，才开始与主编沈公昌文先生及那几朵著名的"金花"认识，并且越来越熟，成为真正的朋友，也因此与《读书》的许多作者相识相熟，这才算"正式"成为引以为自豪的"读书人"中的一员。

与沈公和"金花"们成为"至爱亲朋"后，稿件就不经邮局而直接送到编辑部了。与沈公，自然越来越熟。沈公生性幽默，越老越"不正经"，总是笑谈自己的编辑、出书经验就是"吃喝玩乐、谈情说爱、贪污盗窃、出卖情报、坐以待币"。通过"吃喝玩乐"与作者交朋友到"谈情说爱"的地步，顺理成章地"贪污盗窃"作者的思想、观点，学界思想界动态，然后"出卖情报"，在编辑部讨论研究，或向其约稿，或依此策划选题，书出之后，就"坐以待币"啦。这段"经验"现在可能已广为人知，当时，我可是最早听他传授此秘籍者之一。他身上一直有这种"老出版人"的传统，经常与各色人等吃吃喝喝，拉拉扯扯，云山雾罩，海阔天空。这是他"业务"的一部分，所以对一些出版社规定编辑每天上下班要打卡，大不理解，大不认可。

由于我家和工作单位与他家和《读书》都是近在咫尺，他的饭局，经常把我叫上。计划好的饭局不说，有些是临时来了某人，总是给一个电话，只要有时间，我就应招而去。他的饭局，不是有有趣的人就是有有趣的事。他承认，自己最喜欢的事情，就是起"串联"作用，通过他把本不相识或本不熟悉的"读书人"串联一气，让彼此相识、熟悉。在他的饭局上，形形色色、各式各样的"人物"，彼此交流、讨论甚至争论。许多思想的火花、灵感、创意，就是在这种交往中产生的。有意者，大可以布迪厄的"文化场域"、哈贝马斯的"公共交往"理论作番深入研究。在这种"交往"中，总能聆听各方高论，学到、得到许多书本上没有也学不到的知识。

我的酒量太浅，只是半瓶啤酒的量，所以在他的饭局上，基本不喝酒，只是大杯大杯喝可乐。前些年得了糖尿病，或与此有关？沈公其实酒量也不大，一天晚上吃喝之后，我与他一同出门，看他已有几分醉意，就劝他别骑车回家了，我送他回去。他坚持说自己没醉，哪知刚刚跨上车就摔倒在地，我忙上前将他扶起。劝阻不住，他又跨上车去，歪歪斜斜几步，又倒在地上，只得同意我送他回家。第二天，来电话问我看到他的钱包夹子没有，他的卡、证件全在里面。又过一天，来电话说找到了，原来在他家卫生间的马桶后面。

沈公是公认的"文化人"，但他的出身毫无"文化"，属于社会最"低贱"的阶层。由"低贱"而成为"文化名人"，颇具传奇色彩。

他出生于上海的棚户区，祖上在宁波曾小有家财，但被一天到晚只抽鸦片、其他事情全都不做的父亲败光。他对我说，老宁波有"宁抽勿赌"的说法，爷爷奶奶辈怕宝贝儿子"赌"，所以允许其"抽"。父亲去世时，家中负债累累，沈先生只有三岁，他与姐姐全靠寡母养活。为了躲避债主，母亲带着他们东躲西藏。不过，家中再穷，母亲还是想方设法让他上了小学，给他改名改姓，冒充一位在上海英租界"工部局"工作的王姓远亲的儿子，上了工部局子弟免费的小学。小学毕业，上初中就不免费了，于是他改回本姓沈。但上到初二，家中供不起，只能逃学，玩"失踪"，因为还欠上学期的学费。才十四岁，就到一家银楼当学徒。

学徒几年，不仅学艺，更近于做老板家的用人，一项重要差事是照顾好老板家的客人。这位老板结交上海场面上的三教九流，沈昌文机灵乖巧，颇讨客人喜欢。从中，他也学到许多书本外的社会知识。他的一位要好的小伙伴是扒手，经常对他说自己如何看人"下手"屡屡成功的经验。还有一位"白相人嫂嫂"一言不合，在他们小店撒泼打闹，他看到老板最终如何妥善处理。

再忙再累，他坚持自觉，读书读报，断断续续上各种私立夜校、补校，学的内容漫无边际，从速记、会计，直到摄影、英语、世界语、俄语和无线电。在当时的上海，几乎从早上五点到晚上十一点，都能找到学习机会。现在看来，这种"杂"，恰为他后来的编辑生涯打下一定基础。所以他特别感谢那时上海教育的商业化程度，更感谢一些热心教育公益、义务教课的人士。沈公的事例再次说明，民办教育、是教育发展、普及的重要方面，从根本说，表明了民间社会的重要性。

二十世纪五十年代初，百废待兴，到处在招工，当然也有文化单位。文化程度不高、长期把《文汇报》名记者徐铸成的"铸"字读"寿"却一心向往"文化"的沈昌文，居然考取了权威的人民出版社。虽然只是做最底层的校对，但终归跻身"文化"行列。他并不觉得是自己水平有多高：当年凭成绩考取并不难，只要熟读学校里教的新民主主义革命史和政治经济学等课程即可，答题是把什么事情都归结在反帝反封建名下，包管老师欣赏。

1951年3月，沈昌文离沪北上，正式成为人民出版社的工作人员。爱学好学，似乎是他打小就有的天性，在认真校对之余，他又花大气力学习俄语，甚至还学了一点儿"马克思、恩格斯的母语"德语，以便更好地学习马克思主义。真是功夫不负有心人，学习再次改变了他的命运。工作后不久，他因曾在上海滩"混生活"的历史，让人事部门有关领导认为他问题严重，不适合在北京的国营机构工作，要将他遣散回沪。恰恰在此当口，他业余时间翻译的介绍苏联出版情况的《书刊成本计算》出版，在全面学习苏联的情况下，一个校对翻译苏联有关出版的著作，引起出版社领导的注意，否决了人事部门的决定，并将他作为"工人学文化"的典型，由校对提为社办公室秘书，也就是领导的秘书，一下子成为行政十七级干部。当时，十三级以上为"高干"，十七级以上为县团级"中层"干部。此后，入团入党，一路走来。

在出版社办公室工作，不仅与领导熟悉，他感到更有收益的，是认识了许多在"文革"中一度被批斗的人。原来，组织翻译稿件是可以不拘一格，只管找有学问的人的。这些人中有刘仁静、华揽洪、何思源、董乐山、施咸荣等。爱学的沈昌文从心里佩服他们的本领，虽然是领导、组织他们，甚至还负有监督改造他们的使命，但却是真诚拜他们为师。落难之人，对人情冷暖最为敏感。因此，他们后来一直与沈保持浓浓友谊。喜欢《读书》的人马上会想到，改革开放后，不少人是《读书》初创时期的重要作者。沈公对此也非常得意，总说自己在这方面，有一长处就是一点都不以他们的"污点"为忤，而是真正拜他们为师，这可以说是他无意中得之的一个善为书商的法宝，决定了他以后的一生。

"文革"结束后，改革开放开始，沈昌文终于可以大展身手。他参与了《读书》的创办，后来三联书店恢复，他居然成为其总经理。

小偷扒手，白相人嫂嫂，学贯中西的大学者，大领导，他都打过不浅的交道，又经历过新中国成立以来的风风雨雨，什么场面、什么世面他都见过，所以才能遇事不慌，举重若轻，进退得当。也因此，他主编的《读书》恰如冬夜炉火，管他外面风大若雷还是雪大如席，读者、作者、编者一同围炉煮茗，共话文事家事国事天下事，互相倾听讨论甚至反驳争论，彼此交流碰撞激荡，形成了一个真正的、对于面临深刻转型的中国重要的学术、思想、文化的"公共空间"。

老沈，米寿了！

李　辉

　　沈昌文先生 1931 年生于上海，转眼之间，他竟然八十八岁了，米寿，真是一个大喜的日子！

　　我 1982 年从复旦大学毕业来到北京，先到《北京晚报》，后到《人民日报》。那个时候，我经常去参加《读书》服务日以及一些沙龙活动。后来，与先生们的交往多了，就为他们整理日记与书信，包括聂耳日记、巴金日记、刘节日记、冯亦代日记、吴祖光日记等，大多由大象出版社编辑出版。这些日记与书信，留存了历史的丰富细节。

　　记得在刘苏里的万圣书园西边，曾开过一座新的万圣书园，举办沈昌文珍藏的各种史料展览。老沈请丁聪、我几个人，去那里做一个关于《读书》的讲座。我演讲的题目，记得是《读书》与启蒙时代。我与现场的读者谈自己的感受：

　　今天，我自己也从一个年轻的读者，也快变成了一个退休的人。但是我想《读书》的很多精神还是要延续下来，尤其对于我们这几代知识分子而言。实际上，我们都是从《读书》创刊这个时代走过来的，我们都是《读书》创造的文化精神的受益者。《读书》创刊的定位，就是做一本思想文化的读物。2000年左右，又对它的文风争议多一些。我想这实际上是不矛盾的。思想文化本身不可避免带有政治性，但过去的《读书》能把文化的理念、氛围做得非常足。文化是一种无所不包的东西，虽然有政治、有思想、有社会现实的文章，也可以有董鼎山、董乐山介绍美国文化的文章。像沈昌文先生，在编辑方面做得比较巧。他可以让杂志既介绍政治、思想方面的观点，同时每期的文章本身，是有很高的审美性、可读性，有文化的味道。

　　以前的《读书》文章，给我感觉是深入浅出，有委婉、含蓄的文化韵味在里面，还有很多闲笔，文章的开头或结尾，好像是顾左右而言他，其实大有内容。文章水平的高下，就看你有没有韵味，有没有表达思想的能力。而过去《读书》的不少作者，他们文章非常有影响，绝对不是论文式的压缩，或者仅仅对观点的生硬阐述。好的作者，把他的见解和读书的感受融在一起，这种文章，介绍政治观点也好，介绍研究方法也罢，都不是单一的面向，而是充分综合的。这应该就是文化的力量吧！

认识老沈时，他才五十来岁。在他之前，现当代有许多著名的出版家，如张元济、陆费逵、巴金、赵家璧、邹韬奋、陈翰伯、陈原等，不过，他们从来不把自己称作出版家。三联书店的范用、老沈、董秀玉等，他们当然也不称自己是出版家。

我与《读书》也是有缘，第一篇文章发表在《读书》1990年第10期，题为《湘西原本多侠气》。后来，又在《读书》上发表多篇文章，如《汉学与汉学家》《摇荡的秋千》《执拗的智者》《以平实而致远》《尚情无我》《深酌浅饮"三家村"》等。

老沈于1996年退休，开始前往郑州，在那里举办"郑州越秀学术讲座"。我很有幸与他同行，经常前往那里，邀请黄永玉、于光远、李锐、龚育之、丁聪、黄苗子、郁风、王世襄、杨宪益、黄裳、姜德明等前去演讲。记得黄裳、姜德明到郑州，陆灏兄陪同黄裳前往，那一次，他们二人谈自己的藏书，颇为有趣。

记得 2002 年 3 月，吉林卫视的《回家》栏目来找我，希望我做策划人，拍一些娱乐名人。我说，建议拍一些老先生，他们的故事才真正精彩。清明时节，我们带着丁聪、郁风、余光中、冯骥才四人，分别拍摄他们的"回家"。这一次，也是丁聪时隔七十年后第一次重回故乡枫泾。之后，他多次回到这里，与夫人沈峻一起叶落归根。丁聪先生 2009 年 5 月 26 日逝世，沈峻说，丁聪的遗体都交医院处理。十年之后，"丁聪祖居"向公众开放，韩美林先生题赠"丁聪祖居"，这一天，来自海内外的许多朋友都来了。

吉林卫视的《回家》一直拍摄了十七年，从未中断。杨宪益、陈香梅、黄永玉、于光远、陈忠实、金庸、白先勇、黄苗子、戴爱莲、常香玉、林怀民、从维熙、刘焕章、梁思礼、秦怡、张颖、连战、曾宪梓、霍英东、谢晋、周有光、金耀基……不同领域的人物，款款走来。

范用、沈昌文两人的"回家"，也是由吉林卫视为他们拍摄。

2003 年春夏之际，八十高龄的范用最后一次回到镇江，与穆源小学的师生们见面，那一时刻，范用非常开心。吉林卫视播放范用的"回家"，题为《因为有爱》。

2006年春天，七十五岁的沈昌文又一次回到上海，讲述他在这里的故事。那一时刻，老沈同样开心。拍摄沈昌文重回上海时，他告诉"回家"的朋友，1931年他出生于上海，三岁时，父亲死于鸦片的毒害。当时，沈家的房产连抵债都不够，家境窘迫的沈昌文在读小学时不得不改名换姓："我的姑父的哥哥，是上海工部局的职员，他姓王，我假托是他的儿子，这样我就可以免费进工部局小学，另外我也避免了债务的纠纷。因为整个小学我叫王昌文，我不叫沈昌文。"

老沈曾在一篇回忆的文章里说：自己从小处处要仰仗别人的帮助，哭不能大声哭，笑不能大声笑，连说话也不能随便讲。他面对"回家"的摄影机，这样谈自己的往事："我从小都是人性扭曲啊，那没办法，我没法施展个性。我始终是寄人篱下，寄人篱下。不仅那个时候。我小的时候，我刚才跟你说过，我妈妈给人做保姆，带着我。那我始终看着我妈妈做保姆那家主人的脸色。尽管我也是小学生，可是不行，我得看他们的脸色过日子。以后嘛又是到了这做学徒嘛。所以总是扭曲，总是永远具有我这种阁楼心态。"

"王昌文"后来改为沈昌文，也成为三联书店的一员。记得九十年代，我们来往不少，经常与"二流堂"的老朋友们聚会。那些美好的日子，不再有了。

拍摄老沈"回家"时，他也七十五岁了。吉林卫视当年播放沈昌文的"回家"，题为《心束高阁》。

十六年前，征得老沈同意，《读书》杂志编后语合集出版，取名《阁楼人语》，2003 年由作家出版社出版。为这本书，老沈写了自己的感悟：

"阁楼"云云，并非如文学理论家所想象有什么隐喻，只是写实而已。因为在整个八十年代里，《读书》编辑部或居危楼，或入地下，使我辈时时有"过亭子间生活"的感觉。另外，我原是上海滩的小店员，一直美慕上海文人当年在亭子间里做事。那年头编辑室也居处湫隘，一旦命名为"阁楼"，并不意味丢脸，反以为荣。

于是，恍然大悟，在阁楼里可以做得大事，中外通例。我辈阁楼中人绝不可自怨自艾，更不必自轻自贱。要时刻想到，阁楼外有那么多眼睛望着自己，彼此相睐，心灵相通。想到这里，倒很愿意让《读书》称为一个"文化阁楼"。阁楼既小，所容者自然也少，三四个疯女人疯男人而已！

由是之故，以后把自己写的鸡零狗碎通就叫：《阁楼人语》。

转眼之间，老沈八十八高寿了。谨以此小文，恭贺老沈米寿！

再说两件事

俞晓群

  2018 年 10 月 9 日，陆灏在京，中午请沈公吃饭，有吴彬、王强、徐时霖、郑勇等在座。席间谈到明年沈公米寿，搞点什么活动呢？此事我等同仁已经多次讨论，这一次陆灏、吴彬建议，还是出一本文集，题曰《八八沈公》，请最熟悉沈公的人写文章，大家都知道的事情就不要写了，最好扒一扒沈公鲜为人知的旧事新闻或新事新闻，甚至一些糗事，也应了"八八沈公"的谐音。

  那天我有事未能赴会，事后朱立利传达会议精神，还附上一段吴彬笑谈："这二十几年晓群写沈公最多，这次就不要写了。"闻言我哈哈大笑，自言不写也好，看看你们谁"扒得好"。近日书稿不断交上来，各具特色，各有风采，看得我一时技痒，忍不住告诉编辑："还是让我再整几句吧！"于是有了下面两段故事：

白大夫

沈公在出版界大名鼎鼎，而且愈老愈发光鲜亮丽。要扒他老人家的糗事还真不容易。几年前我写过一篇文章《沈公的背面》，文中谈到不少沈公的八卦，其中写到沈公的夫人白大夫。我声称在江湖上，人们只知道沈公是不够的，还应该清楚，如果没有白大夫，也不会有如今的沈昌文。文章发表后，白大夫当面夸我写得好。也有人问我："你说每天白大夫给沈公吃一把药，保证他晚年如此健康，那是些什么药呢？"带着此类问题，我向二位老人家请教，得到一些新鲜的资料，权且在此披露。

且说我年轻时喜好运动，三十几岁开始发胖，血脂一直很高；后来上眼皮长了脂肪颗粒。一次白大夫看到了，告诉我要吃降血脂的药，她推荐他汀类药物，还反复叮嘱我说，这类药品容易伤肝，一定要定期验血，检查肝功能，还要吃护肝的药。她老人家说得很准确，因为肥胖，再加上时常应酬喝酒，我还患有重度脂肪肝，肝脏的指标如转氨酶也很高，加上他汀类药物的副作用，医生说是有很大风险的。为此白大夫一直指导我正确使用保肝的药品，还要注意饮食。一次她跟我讲到，"文革"时期，她与老沈都在向阳湖五七干校劳动改造，老沈在田间劳动，白大夫是卫生所的医生。那时沈公的肝脏就不大好，加上日常劳累、营养不良，身体非常虚弱，急需补充鱼肉等富含蛋白质的食品。但去哪儿弄呢？看着老沈一天天衰弱，白大夫心急如焚。一次她发现附近的一条小河中，有小鱼小虾游动，她偷偷将它们打捞上来，洗干净后煮汤给老沈喝。那段时间，白大夫一直坚持这样做，帮助老沈恢复体力，度过困难的时光。说到这里，白大夫有些感慨，我也要落下眼泪。想到多年以来，白大夫细心关注沈公的身体状态，为他一把把配药，凝聚了她的多少心血，才换来沈公八十几岁高龄依然身体出名的好，至今每天四处游走，还要喝一两瓶啤酒。虽然限定适量，如果没有一个"好肝"，也是不可能的。

由此又想到沈公一大特长，他认识名人极多，关系又好，交往密切，其实这里面也有一个秘密。那就是在干校期间，那里的文化名人特别多，像冰心、冯雪峰、沈从文、张光年、臧克家、萧乾、陈白尘、冯牧、郭小川、刘炳森、王世襄、周巍峙、罗哲文、金冲及、陈翰伯、王子野、刘杲、周汝昌、司徒慧敏，等等。白大夫的身份是干校卫生所的医生，与名人结识，白大夫太有优势了：谁都要去找她看病。何况白大夫是正宗中国医科大学毕业，医术好，人又好，负责任，有耐心，说话总是不紧不慢、客客气气。因此在干校期间，结交了一大批"名人患者"。直到"文革"后，白大夫的优势还在发挥作用。我们就经常会听到沈公说，某某名人、大人物是白大夫的患者，他去联系没有问题，或者请白大夫先打个电话过去。当然，沈公身边的新朋友遇到小病小灾的，沈公也会立即将白大夫推荐出来，有问必答。我就是其中的一位受益者。

我时而开玩笑说，沈公嘴上整天挂着的作者，在白大夫眼里，都是她的患者，包括沈公的朋友和沈公本人。出版家与医生联手，作者与患者合体，这也是沈公包打天下的另一点奥妙所在。

沈公序

我本是数学专业出身，投身人文领域，学写文章，都是后来的事情。二十世纪九十年代初，沈公在《读书》做主编，我从"品书录"写起，最初也要被他多次退改。我坚持一篇篇写下去，某年某月某一天，赵丽雅带话来说，沈公很看重你的文章，希望你能正式为《读书》杂志写一些东西。赵还强调说，她这么多年，很少见到沈公亲自组稿或赞扬谁。但我自知功力不够，每写一篇文章都累得够呛；加上那时我刚刚担任辽教社社长，整天忙乱不堪，因此辜负了沈公的厚望。转而我开始写一些短小的专栏文章，在报刊上发表，积累到2003年，汇成一本小书《人书情未了》。这是我投身人文出版后，推出的第一本个人随笔集。我大胆请沈公作序，沈公答应了；他又请出刘杲先生写序，共同为我助威。从此我规定，自己的每一本随笔集都请沈公作序。直到今年出版《两半斋随笔》，屈指一算，沈公已经为我的十三本随笔集，写了十三篇序言。近日我把它们整理起来，准备出一本纪念册，题曰《沈公序我》，一篇篇读下去，看到沈公文字中的智慧与调侃，我一直在笑，笑着笑着，我为沈公的真情文字所感染，情从中来，禁不住流下眼泪。

第一篇为《人书情未了》序，题曰"出于爱的不爱和出于不爱的爱"，那时沈公还年轻，文章自成一派，以《读书》编者后记"阁楼人语"为巅峰，文风追求一个朴字，一个丑字，说话转弯抹角，思想却清晰、锋利得令人头发上指。沈公为我写的这一篇序的题目，实际上是在说明：他爱三联，现在却没有办法爱了；他从前不爱俞晓群，现在却只好爱他、与他共同做事。当时有朋友批评沈公说，晓群对您那么好，您怎么能这样说呢？为此沈公问我，他的这个题目，有什么不良感觉吗？我说哪有啊？一是依江湖地位，您怎么说都是晚辈的偏得和光荣；二是您那藏头缩尾的笔法，剑锋所指，我当然看得懂，天下人也看得明白。闻此言，沈公欣慰地笑了。

第二篇是为《数与数术札记》写的跋，也是此书序言太多，有王充闾、江晓原、龚鹏程先生三篇，还有沈公、郝明义先生两篇，编排时只好将沈、郝二位的序放在后面，或称"后序"。那时我刚刚离开辽教社，做事不顺，与沈公、陆灏的合作也偃旗息鼓。无可奈何，我研究起古代数术文化。沈公也很无奈，他在跋中写道："中国的出版，至今病在谋略太多，机心太重，理想太少。俞晓群以及其他一批有志文化的理想型出版家一再'腾挪'自己的理趣，是至今出版文化疲弱的重要原因。俞兄此病，病在他爱文化甚于一切。他本行源自西方的数学，所以移爱传统数术，本源于对中国文化的热爱。而他主持出版，更是发疯似的擘画种种，以谋繁荣中国文化。他反对'跟风'，强调原创，我有时这样想，你老兄又是怎么去看待河图洛书呢？俞兄新作出版，我理应欢呼他在数术研究方面的成就，而我这跋语，却在鼓吹他数术以外乃至反数术的实践的成绩。其实，细细想来，此公深究数术，其出发点还在弘扬中国文化，而不只是消磨时间，更不是我这出版商出于纯技术观点的无知遐想。区区私意，无非表示，以俞兄大才，出版业业者诚望他在这领域有更多作为，如此而已。"在这段文字中，沈公对我有赞誉，有质疑，有责怪，有呼唤，还有一点调侃。我知道，他老人家的意思是说：晓群啊，你连现实的事情都弄不明白，还搞什么古代数术研究呢？

接着，沈公写的每一篇序言，都是即时感发，剑有所指。看看题目吧：第三篇为《这一代的书香》，题曰"我的'黄金时期'"。第四篇为《前辈》，题曰"有思想的出版家"。第五篇为《蓬蒿人书语》，题曰"知心的人，称心的书"。第六篇为《那一张旧书单》，题曰"'穿帮'的愉悦"。第七篇为《可爱的文化人》，题曰"文化囧"。第八篇为《精细集》，题曰"粗犷的废话"。第九篇为《一个人的出版史》，题曰"能量来自辛勤"。

第十篇为《我读故我在》，题曰"一个'三〇后'的想法"。第十一篇为《杖乡集》，题曰"'三栖'达人俞晓群"。第十二篇为《书香故人来》，题曰"一位边疆壮汉的内陆开发记"。第十三篇为《两半斋随笔》，题曰"巨大的另一半"。

写到这里，本文已满三千字，及时搁笔。待沈公九十八岁大寿时，我再倾情奉献出更多新鲜的故事！

沈公的"女朋友"们

王之江

　　沈公有许多的"女朋友",这是"公开的秘密"。说是"公开",是因为众人皆知,且彼此熟悉了解。沈公的文章、著作和回忆录,也写了许多女性,老中青各个年龄段都有,他也不回避。沈公在这方面还特豁达,不藏着掖着,只要有必要,要么介绍给你认识,要么带你去认识她们。说是"秘密",是因为大家心知肚明,谁也不这么说,谁也不这么定义。不管怎样,沈公带来介绍我认识的女性,我都认为是他的"女朋友",即女性朋友。我为了称呼上的省事,简言之为"女朋友"。

　　二十世纪九十年代中期,初次见沈公时,他就带了两个"女朋友",W 君和 Z 君。

　　W 君在《读书》是真正开天辟地元老级的,有思想有才干，思维敏捷，快人快语，聪明极了。与她交流，常常刚刚说出上句，下几句的意思她已完全明白领会，但又融合进你的思路，行云流水，很得体，不唐突，不让人为难。W君出身名门，她的先辈名动天下，但她质朴低调，从不显摆炫耀自己的出身与家世。她之所以成为沈公的"女朋友"，除了业务能力强，识大体明全局，擅长主外，还有一个重要的原因，就是自学甚勤，博闻强记。上世纪末，唐鲁孙的书刚在大陆流行，一次我同她聊起唐鲁孙，她即告之十二大册《唐鲁孙先生作品集》（台湾大地版）已全部读完了，而我刚从台湾带回来一套，只是翻了翻。此事可见她读书之广，读书之快。沈公称她为《读书》的人才，实在是名实相符。

W君的文章并不多见，我仅见过三篇她署名的文章，也可能是我孤陋寡闻吧。

Z君也是《读书》的人才，也是主力编辑之一。沈公说她是开"文化卡车"的，在与沈公认识之前，已在《读书》上发过多篇文章了。沈公眼中这位"讷于言"的卡车司机，在工作之中"师从众师"，结交了众多的顶尖作者，既拓展了工作，又为自己的学术积累获益良多，更博得他们的好评与信任，成效特别突出，沈公感叹实为毕生所仅见。Z君在做编辑的同时，一直从事学术研究，成绩斐然，所以十年后她转身学术界是那样的华丽舒展，短时间内便成为名家硕儒。二十年前我曾荣幸地为她的一本学术著作做了些责任编辑的工作。我们合作得很愉快，书出得也很漂亮，大家都很满意。

Z君是一个十分质朴的人，别说大牌服饰，就是普通品牌也完全不在她关注之列，运动服是她的常见标配。可她的才情光彩夺目，让人敬佩，一手蝇头小楷写得漂亮极了，散文和学术小品更是情趣俱佳。那是下了一番苦功的结果，在她的三大册日记中，可以看到她勤学苦练的点点滴滴。张中行先生曾为她写过专文，对她钦佩不已，尤其是对她的博览群书"甘拜下风"。

Y君是位有海外留学和生活经历的女士，沈公介绍我们认识的具体缘由已经记不清了，但肯定与图书选题策划、作者队伍建设有关。因为Y君的朋友有许多是青年才俊。他们风头正劲，给当时的文化界带来很大影响。Y君文质彬彬，是标准的知识女性，做起事来十分精明强干。据说当年在文化界、读书界名气很大的风入松书店，她是发起人之一。除了她的人脉资源外，沈公也一定是看中了她的能力和气魄。后来，她任职一家台湾出版公司，我们曾为一套著名的绘本有过各为其主的商讨与谈判。当然，最后是各有收获，皆大欢喜，这个过程让我体会了她的原则性和职业女性的干练。

N君是位大小姐，说她是大小姐丝毫没有调侃的意思。她家祖上是一家闻名全国的中药铺子的分号，那是一份不小的财产。她虽然没有赶上祖上的辉煌，但她的做派还是有几分大小姐的气质。这可不是后学的，也不是装出来的，是天生的，是骨子里的，是遗传的。N君英文很好，为了帮助我们做翻译书，沈公把她介绍给我们。沈公说与N君的父母相识，且有一定的交往，可谓世交，所以时常与她开玩笑，说我以前还抱过你呢，那时你还是个小姑娘。N君对此不置是否，只是嗔责。N君与我们年龄相仿，可以说是沈公的晚辈，沈公说抱过她当不完全是玩笑，事实上是有可能的。记得有一次沈公的玩笑开大了。说是记得，其实具体时间不记得了，具体地点不记得了，什么季节也不记得了，只记得事情的大概和结果。那是一次晚餐时分，我们与沈公相聚，大概有六七个人的样子，都是熟人。有沈公在就不寂寞，一定是热闹的。他不停地说笑，气氛也越来越活跃，大家兴致勃勃，欢声笑语。说着说着，沈公玩笑的话头就到N大小姐那里了，但有几句话惹恼了N大小姐，她一下就急了。她那粉白的脸上立马燃起了红红的火色，杏眼圆睁，疾言厉色。声虽不高，语气的分量却极重。平时，N大小姐一贯温文尔雅，那次盛怒实在罕见，可见是真急了。热闹的气氛霎时到了冰点，凝固了。沈公也被她的怒气惊到了，没有防备，顿时没了言语，一脸的无奈和愧色。众人不知如何是好，劝也不是，不劝也不是，好不为难。沉默了片刻，大家的情绪有了些微缓和，N大小姐带着余气起身离去，众人也都各自散去。

这件事颇有波澜和戏剧性，所以事隔多年我依然记得。沈公是经过大风大浪的人，可能早就不记得这档子事了吧？

D君是海内外久享大名的优秀出版家，与沈公是同龄人，他们共事几十年，是老同事，也是老朋友。我与她只见过一面，是说正式见面只有一次。那是在民族饭店，沈公帮忙约定两家当家人见面商谈公事。我是跑龙套的，也忝列其中。聚会的前前后后，沈公的郑重是我仅见的几次之一。一切都是公事公办，没有谈笑和风趣，更没有插科打诨，介绍、讲解、建议、设想和计划，都是那么的规范。噢，原来沈公也有拘谨的时候呵。

沈公常说一句话：为了爱而不爱。如果不是专有所指的人和事的话，泰半是与D君相关的。中国人的人际关系，可能是人类社会生活中最复杂、最微妙的人际关系，剪不断，理还乱。历史上如此，经历过种种风雨的当下社会更是如此，也可以说有过之而无不及。我们后来人对于文化江湖的故事，人们的分分合合，恩恩怨怨，前因后果，是非曲直，说不清，道不明，有的是理解和感慨。沈公和我们只是杯酒之间，淡淡地聊个大概，我们也就一知半解，仅此而已。好在有沈公的书在，欲探究详情，可读沈公的书，如果觉得还不够解渴，可直接找沈公面谈。

信笔写了几位沈公的"女朋友"，不论深了浅了，还是轻了重了，但愿没有得罪各位。其实要想成为沈公的"女朋友"，不是件容易的事。最起码要有这么几点，一、要有文化人的意识与原则，不能人云亦云，浑浑噩噩；二、要是业界精英，尊重自己的文化职业；三、要学有专长，有读书之癖；四、要是心里有美食地图的吃客。另外，如果喜欢邓丽君和蔡琴就更好了。你想要成为沈公的"女朋友"吗？往这个方向努力吧。

我已近十年没见沈公了，想必他还是那么神采奕奕，活力四射，背着双肩包，来来往往于北京城里城外的中西佳肴和美酒咖啡中；总是高朋满座，欢声笑语；徜徉在或思想，或历史，或文学的海洋中；或话旧雨新知，或谈新闻故事，气质还是从前的样子，只是身边又多了一些新的"女朋友"。

一个八十年代的遗少与遗老交往的往事

许纪霖

陆公子给我发来短信，说沈昌文今年八十八岁生日，要给他编一本《八八沈公》的纪念集，让他高兴高兴，说我是他的老朋友，希望我加入"大合唱"。还特别叮嘱不要将他写得太高大上，多写写他的趣事。

胡适在世的时候，许多人都喜欢说"我的朋友胡适之"。沈昌文的朋友也是遍天下，但我不想说"我的朋友沈昌文"。每次见到他，都会像其他人一样，叫他一声老沈，有时候，还会半开玩笑地称他"沈公"，但不是那种恭恭敬敬的叫法，而是嬉皮笑脸，没大没小的。我与老沈相差二十六岁，按理说也是两代人了，但是，相处久了，感觉他就是一个老顽童。

老沈创造了许多金句，其中我引用最多的，是这句：

"可以不读书，但不可不读《读书》！"这是何等的自信！说来你不信，在上个世纪的八九十年代，这竟然就是读书界的事实。那个年代的过来人，假如不是《读书》的读者，都不好意思说自己是读书人。我的好几个朋友，在酒过三巡、神态微醺的时候，都很得意地向我吹嘘：我家里有创刊以后的全套《读书》！

当年，我也是沾了《读书》的光，一夜暴得大名。如果说老沈是八十年代的遗老，我大概就是八十年代的遗少。遗少认识遗老，是1987年的故事。我在《读书》发表了《从中国的〈忏悔录〉看知识分子的心态与人格》，被老沈相中，开始成为《读书》的当红作者。第一次去《读书》编辑部，还是在东西十条一个很简陋的胡同里，刚刚坐下，屁股还没有坐热，赵丽雅就招呼：吃饭吃饭，一起去午饭！于是，编辑部人马浩浩荡荡，直奔小馆子而去。我见到了《读书》的大主编沈昌文。

第一眼的印象不太好，这哪是一个读书人，分明就是一个剃着板寸的北方大掌柜嘛！当年《读书》的编辑，除了杨丽华、贾宝兰是科班出身，吴彬、赵丽雅，以及离开的王焱，都像老沈一样，是没有学历、没有职称、没有阅历的"三无"人员，只是凭自己的能力考进编辑部。不要以为老沈这是"武大郎开店"，这个武大郎比武松还厉害，没有一点真本领，还没有资格在名流如云的读书作者圈中端茶送水。岂止端茶送水，当年与我联系最多的赵丽雅，后来成为知名的文史专家扬之水。

老沈这个大掌柜，与伙计说起话来，也是没大没小。吴彬经常嘲笑他：你老沈当年在上海滩银楼当伙计，不就是会出歪点子，在镯子上刻上一行"妹妹我爱你"，在洋场上畅销，差点娶了老板的千金吗？老沈听了，笑眯眯的，不生气，看样子还很受用。在京城出版界，沈昌文对新事物之敏锐，捕捉新潮流之快，是出了名的。我就是被他网罗的新人之一。记得我写了一篇关于周作人的文章，老沈大笔一挥，将题目改为《读一读周作人罢》，放在封面推荐的头一篇，压过了诸多元老级王牌作者，让我诚惶诚恐，又有点自鸣得意。

伙计可以开掌柜的玩笑，掌柜也经常与伙计打情骂俏。赵丽雅，就是老沈经常"语言骚扰"的对象。他最爱讲的一个段子是评论《读书》诸位女将，说赵丽雅"头有反骨"。赵回家告诉老公，老公很紧张地问："他真的摸过你的头？"讲到这里，老沈每回都要哈哈大笑，好像真的占过什么便宜似的，其实呢，不过是"吃了一回豆腐"而已。

从底层跌打滚爬一路打拼上来的老沈，虽然身居正厅级的三联书店总经理，却没有读书人的矜持，更没有京城场面上的官气。在他的身上，多的是市民阶层出身的海派文人特有的精明和狡黠，用上海话来说，叫作"晓得看山水"。他将自己放在很低的位置上，别人要伤害他，不太容易，因为你不能打倒一个主动躺在地上的人。他是一个懂得生存智慧的人。

《读书》杂志创刊至今，已有四十年。其间风风雨雨，不知浸透多少老沈以及他的前任范用先生的良苦用心。尤其到了老沈主持《读书》的最后几年，他对分寸的拿捏已经到了炉火纯青的地步。他有他的文化追求，只要有一分空隙，都要挤出一条缝来，为读者争取一点新鲜空气。

1995 年的《读书》杂志，发起过一场声势浩大的人文精神大讨论，老沈是幕后的总策划。我记得那之前，他在《读书》编后语中，已经说过大意是如此的话：我们这群人，在阁楼上所坚守的是什么呢？无它者，人文精神是也！正因为他内心中有此信念，这年他与吴彬到华东师范大学参加中国文艺理论学会年会，召集王晓明、张汝伦、朱学勤、高瑞泉和我等一批学者开小会，当即拍板在《读书》上组织人文精神的系列对话。对话叫什么名称？老沈一言定乾坤：就叫人文精神！

在九十年代，每次从邮局收到杂志，我最迫不及待的，是翻到最后一页，读老沈亲自拟写的编后语。这些编后语，后来辑成《阁楼人语》一书，那真的是沈氏语言、沈氏风格，很有点林语堂《论语》《人间世》的幽默笔法，正话反说，亦庄亦谐。好像有一点弦外之音，又好像什么都没有。

不错，讲到精神传统，老沈既不是激愤的鲁迅，也非理性的胡适。他就是一个当世林语堂，有落拓不羁的名士派头，有杂贯中西的一知半解，有嬉笑怒骂的幽默战法，有拿自己开涮的强大心理。只是，他没有林语堂那种"西崽相"，他更草根，也更中国。

在老沈的身体力行之下，八九十年代的《读书》，形成了独特的风格，用他的话说，读《读书》不必正襟危坐，可以躺着读，上厕所的时候也能读！但《读书》又不是一般的枕边读物、厕所文章，读完之后，知识有大长进，精神有大补益。如今在学院里面接受过规训的学者，已经很少有人会写这样有趣的文章了。我真是三生有幸，属于八十年代精神之子，在老沈的言传身教、"威逼利诱"之下，从出道的第一分钟开始，就懂得一点"思想离不开趣味"的为文之道。

我与老沈交往最多的时光，当属在九十年代。每次去北京，都要通知他，他是"在京海派"的总头目，立即召集诸位京城的上海朋友聚会聊天。老沈好吃，也懂得吃，这点与林语堂有得一拼。林语堂也好吃，但最喜欢的，不是那种山珍海味的奢侈酒席，而是街角的小馆子，就着鸭掌、花生米、炒腰花，小酌小饮，与三五知己海阔天空地闲聊。老沈带去的馆子，也不奢华，没有达官富人出没，但都有点小小的特色，有一层带文化的土味。我唯一一次喝北京的豆汁，就是在老沈建议下，在三联附近的一个小胡同里。

淡出三联和《读书》之后，老沈不甘寂寞，在俞晓群支持下，让陆灏站前台，自己躲在幕后办《万象》，主持"书趣文丛""万有文库"和"海豚书馆"。他来上海更勤了，每次驾到，都是呼朋唤友，在饭桌上天南海北。他对俞晓群说，我当顾问的唯一要求，就是可以自由报销餐费。我经常引用的沈氏另一句金言，是"我最喜欢在脏兮兮的餐馆，吃脏兮兮的小菜"。这个"脏兮兮"，不是真的脏，而是乡土气和家常气。一般游客很少知道一个城市最有地方特色的餐馆在哪里，总是以为贵的就是好的。但老沈与林语堂一样，他在各地都有朋友，总是能够找到那些其貌不扬"脏兮兮"的地方，大快朵颐。

假如说老沈是美食家，一定是抬举他了，醉翁之意不在酒，在乎山水之间也。老沈真正在意的，其实是有一个让人身心放松的环境，无须像吃商务菜那般，身穿正装、戴着领带，正襟危坐，有仆人分食。与老沈在一起，你可以跷二郎腿，穿"脏兮兮"的T恤牛仔裤，吞云驾雾，高谈阔论。什么叫文人聚会、名士风范？这就是，我喜欢这样的感觉。

去年，我到北京，郑勇和《读书》编辑部的饶淑荣请我吃饭，问还想见谁，我脱口而出：沈昌文、吴彬！几年不见，老沈真的老了，他严重地耳背，坐在我旁边，却听不见我在说什么，更无法加入我们的闲聊。我有点悲哀，一个曾经那样风趣横生、生龙活虎的老沈，敌不过岁月的侵蚀了。

我感觉，他似乎象征着那个过去的时代，八十年代的遗老以及遗少们，如今都退出了历史的舞台。王元化先生临终前感叹：这世界不再令人着迷！是的，随着老沈这代老人的谢幕，一个时代已经翻页。

但是，总有一些传统要传承，总有一种精神要坚守，如今这个时代的精神传人，他们在哪里呢？

沈公、藏书票与我

吴兴文

　　人生往往有心栽花花不成，无心插柳柳成荫，稍纵即逝。藏书票收藏之于我，恰似那偶然间的永恒，假如没有碰到贵人，仅仅止于爱好而已，根本谈不上带动一种收藏的风气。难得的是，在国内把我推上风头浪尖的，都是北京三联书店的奠基人。

　　1989 年 9 月，我第一次到北京到东总布胡同拜访范用。范先生一手促成叶灵凤的《灵凤随笔》上、中、下三集，在北京三联书店出版。此前，并在北京举行一场叶灵凤遗留下来的私人收藏办的展。我去拜访范先生时，他不只拿出贴"灵凤藏书"的珍藏，让我大开眼界，还鼓励我研究西洋藏书票，让我脑洞大开。

　　更重要的是，促成我在国内出版第一本著作《藏书票世界》的沈公，他是本书的组稿人兼编辑。我从1991年开始，通过现任联经出版事业公司发行人林载爵认识沈公。从此以后，我每到北京出差，或访友、淘书之余，必定在下飞机和离京前，叨扰沈公两回。一对老少仿佛没什么目的，东拉西扯，大部分是我跟他报告台北出版业动态，谈不上任何相关的业务。最大的收获，便是在沈公的书架上，淘些在书店里猎不到的书。

特别是1995年8月，沈公自《读书》杂志主编位置上退下来后。他于次年3月到4月间，邀请我到北京万圣书园刚刚开幕的音乐厅分店，甘琦主持的藏书票沙龙，沈阳辽宁教育出版社主办的"辽宁爱书人俱乐部"，郑州三联书店的"越秀学术讲座"，上海《文汇读书周报》和"中国版协人民出版社工作委员会"主办的"东方书林俱乐部"，演讲有关藏书票的入门知识和中外作家的藏书票，以上都是沈公为我筹划和安排。

其中以沈阳和郑州两场最让我感动，前者整个演讲厅坐满两百多人，大部分的听众都是下班后直接到会场来听我演讲；后者虽然在餐厅的二楼举行，但是听众的水平颇高，而且餐厅的女服务生彬彬有礼，水平在国际五星级饭店之上。演讲结束后，都得以和当地的版画同好交流，可说是为我在国内出书热身。

1997 年 3 月，我带着上一年 10 月在台北出版的《图说藏书票：从丢勒到马蒂斯》，应沈公之邀上北京，请他推荐给辽宁教育出版社出版简体字版。可惜的是，此书是我应台北光复书局主办的《儿童日报》要求，在它们的艺术版专栏的结集，原来是为台湾藏书票俱乐部推广之用，不能满足沈公为辽宁教育出版社主持"新世纪万有文库"的出版伟业之用。

　　此时才明白沈公要我多带几本藏书票专著的用意。沈公还告诉我，原来辽宁教育出版社拟邀请董桥编著，但因董先生公务繁重，不像我独沽一味。他计划请我从藏书票的起源一直谈到当代，等于是写一部图说藏书票简史。我是个性情中人，它又与我的著作《图说藏书票：从丢勒到马蒂斯》的用意一样，于是我就将藏书票的历史分成三期：早期（1470—1880 年）、黄金时期（1880—1950 年）和现、当代（1950 年至今），精选 108 幅藏书票代表作，加上简单扼要的解说，编撰成书。

　　当时我只是一个普通编辑，难以承担长期在北京食宿的开销。沈公早已安排方庄一处人民出版社美术编辑的宿舍给我，原本住在那里的一对夫妻到法国短期进修，请他代为看管；沈公并请他专用的美术编辑郑在勇从旁协助。有一天我不小心把眼镜摔坏了，郑先生还陪我去眼镜行。沈公为人周到的地方可见一斑。

由于带来的参考资料欠缺现当代的部分，停留十天后我和沈公商量，回台北继续工作。多亏葡萄牙收藏家米兰达主编的 *Ex-Libris Bio-Biographical of the Art Contemporary Ex-Libris* 半年刊，从 1985 年开始出版第一册，至 1997 年已经出版到第 25 册，每册介绍 15—20 位当代藏书票设计家；我从中精选了十余幅。5 月初我再来北京时，不到一周时间，就已经完成早期十六幅，黄金时期六十幅，和现、当代三十二幅的挑选；以及简要的文字说明。

接下来的工作是，把这些遍及欧洲各国，以及美国、日本、俄罗斯和阿根廷等国藏书票的名字译为中文。由于大陆和台湾的汉语拼音不同，而我手上的工具书无法完全解决这些难题，只好三十六计，走为上策，把它们留给藏书丰富的沈公处理。

没想到沈公不但帮我解决所有译名的问题，并为这本书取了一个丛书名："书外的风景"，正文前有沈公以"脉望"为笔名的序《书外的风景独好》，且听夫子自道：

"据说读书一事终究要消灭的，今后'玩'书之事也必将成为陈迹。因是之故，趁现在'读书族'还人数众多，'玩书族'方兴未艾之际，出一些讲'玩书'之理的书，也许还来得及。更说不定的是，由于出书太多，质量下降，多谈谈'玩'书之道，让大家提高一些鉴赏能力，还能有助促进某种'阶段性转变'。"

本文落款时间为"1997年3月"，由此可见沈公的先见之明，至今仍值得玩味。如今在图书出版业，藏书票已经成为新出版图书的一种附加赠品，有关插图本正方兴未艾，为世界文学名著普及性读物附加插图，除去这些风潮，新书还进一步走上限定版、珍藏本之路。

当时我还没有体会沈公这一段文字的弦外之音，没想后来北京三联书店总经理董秀玉女士已经着手做"插图珍藏本"系列，例如，楼庆西《中国古建筑二十讲》、陈志华《外国古建筑二十讲》等。我推荐她出版钟芳玲《书店风景》，她又建议我写了一本《我的藏书票之旅》，并请范用为此书写代序《"漂亮小玩意儿"——我与藏书票》。范先生回忆起1946年在上海，他在读书出版社工作时，社领导黄洛峰是个爱读书并且鼓励职工读书的人，为此，曾请他设计"一斋图书馆"藏书票，作为职工图书馆典藏之用。

钱锺书先生说："通感就是感觉挪动，从视觉挪到听觉，从听觉挪到嗅觉，嗅觉再挪回其他的感觉——打通感官之间的界限，呈现新奇的感觉体验，这也是艺术创造力的核心特质。"同理可证，作为一个出版人或者艺术鉴赏者，达到通感之路，也是一次次受到高人的启发的过程，从沈公为我编辑《藏书票世界》，到董秀玉为我出版《我的藏书票之旅》，其中包括郑在勇、宁成春先生的美术设计，都让我对藏书票的鉴赏水准一次次得到提升。

人生何其幸，在沈公富有前瞻性的思想开创下，我无意中完成了一趟藏书票鉴赏能力升华之旅。谨以此文，敬祝沈公米寿快乐：大智若愚、机智敏捷！

独一无二沈昌文

叶　芳

　　上个世纪八十年代至九十年代，有许多令人兴奋的人物和事件，有些逐渐被淡忘了，有些却牢牢地刻在你的脑海里挥之不去，成为生活中最重要也最有意义的体验。

　　沈昌文就是一个独一无二的存在，不仅存在于中国的出版史上，也刻在许多与他有过交往的人心目中。我不记得如何认识老沈的（我们这些曾经无拘无束地与他有交往的人都习惯称他老沈而不是沈老）。只记得我先认识吴彬，然后就是老沈，他们在一起工作，所以自然就混入了他们的圈子。当时老沈是《读书》杂志的主编，他周围的人都很厉害——赵丽雅曾经的职业是卡车司机，吴彬是油漆工，她们都是有极高手艺的人，无论再怎么转行。她们没有大学学历，也因为没有什么学历而更显厉害，并且不愧为老沈的高徒。老沈祖籍宁波，父亲吸鸦片导致家道中落，他去做学徒已经是穷途，但也由此形成了他一生的习惯：遇到各色人等既不低三下四也不趾高气扬，能够从容对待。他从小学会了干各种杂活，在上海做学徒更是如此，干活不分内外而且必须眼尖手快，慢慢地不仅老板的家务活，店里的各种业务都开始离不开他：他能为老板应对税务局，做蒙混过关的会计账。因为勤劳聪明肯干，很是赢得老板的信任。老沈当然不会满足于此，他自学无线电波技术，学习洋泾浜英语，还能为上海交际花做粗略的翻译，并在宾馆拿回咖啡渣重新冲泡时初次尝到了咖啡的味道。他也惊讶地见到了地下党员如何腰缠黄金手表带到红区作为革命经费。我猜测大概从那个时期开始，老沈学会了一套处事不惊、巧妙应付各种复杂事件的经验。

我大学毕业后曾经在《杭州日报》工作，1986 年我被当时的总编辑要求去北京看看，到了北京就不由自主地整天和吴彬她们泡在一起。在北京朝内大街 166 号的办公室或者某个临时办公的地下室里，老沈用从没有完全洗干净的厨具煮红烧肉和白米饭，辅以已经开始掉漆的大茶缸里的黑咖啡。我很早就开始喜欢喝咖啡，属于那种喝咖啡就如喝茶的人。但吴彬她们喝咖啡更是神速，一大杯咖啡权当白开水喝了。老沈既是厨师，也是被调侃的对象，因为卫生不达标。但这丝毫不妨碍《读书》的编辑们继续源源不断地享用老沈的供应。这样的气氛环境不由得不让人被吸了进去：你就像水滴被融入了一团空气中。不过，尽管在工作中也是经常在玩笑中度过，老沈依旧是灵魂人物。《读书》杂志在那个时期如日中天，不拘一格采纳各路人马的文章，使得《读书》杂志广受欢迎。而且《读书》发表的文章文理严谨，言辞活泼健康。老沈是八面灵通，无论大陆还是港台，好东西来者不拒，新鲜的事物更是广受欢迎。

从此，我很难安心本职工作，老沈像一块吸铁石，让你身在曹营心在汉。1989年初，老沈问我，是否有兴趣办三联书店杭州分销店，自然这是一个机会，一个把自己彻底变为三联人的机会。此后为了找合适的书店地址我是费尽心机，在这个应付各种审批的过程中，老沈从不吝给予各种帮助。有一次他和当时新闻出版署组织的考察团到了杭州，他打电话告诉我，说他已经预订了饭店，今天中午将由我做东，但他负责付饭钱。这场餐会给我印象最深的是老沈的活跃程度——在座的新闻出版署副署长和中央直属出版社的社长个个都被老沈逗得哈哈大笑，其间老沈为我暗抬轿子，让人以为我得到了高层的充分信任和支持，于是某种程度上我在杭州办书店变得顺风顺水。

此后我经常因为业务需要到北京出差，一到北京还去《读书》杂志混，他带我四处走动。老沈的各种活动都有我的份，虽是看客，乐趣满满。二十世纪九十年代前后，老沈已经是业界著名人物，他依旧喜欢骑着他的老式自行车到处转悠。有一次他从朝内骑车带我去吴彬家，来回拐弯车龄乱响，我这才意识到他的视力其实很差，后来才知道他很早就有了白内障。我提心吊胆地坐在后座，心想，他可以不顾他自己的安危，但至少要顾及有我坐在车后呀！还好，居然平安无事。

后来我无数次地听谈老沈和新近认识的人聊他的出版，谈得像恋爱经一样。他总说吃饭的重要，没有了饭局就没有了四方来客。他的饭局上的人物都很有趣，可以列出一长串无穷无尽的名字，囊括了从二十世纪八十年代以后的人物，是份几乎无所不包的名单，不仅有丁聪、杨宪益、张中行、黄苗子、杨绛、黄裳、叶浅予、李泽厚、庞朴、王元化、余英时、杜维明、金庸、董桥、西西、罗孚等老当益壮者，更有那个时候早早功成名就的文学作者和学者。此时，学术界最有功力的一批学者如葛兆光、王晓明、陈平原、秦晖、钱理群、许子东等都已在最有影响力的地方崭露头角。

三联书店当时既不是一个严格意义上的学术出版社，也不是一个文学出版社，当它从人民出版社独立出来以后就必须另辟蹊径。老沈善于交际，同时又有独到的出版眼光和鉴赏力，这让他即使是在出版生存的缝隙中也游刃有余。为了让出版社生存得更好，他向当时的主管部门新闻出版署打报告，要求出版《金庸全集》。那时古龙的武侠盗版书铺天盖地地覆盖在街头巷尾，金庸小说还没有在大陆成为第一武打。老沈亲手操刀，向新闻出版署写了一份绝无仅有的报告，报告中没有任何陈词滥调，却雄辩地说明出版金庸作品对于文化界的重要性。时任新闻出版署副署长的刘杲是老沈的密友，他很欣赏老沈的才华，也乐意在政治风险增加时让老沈处于他的身后——每当那种时候老沈似乎总是贵体欠佳，缺席重要的会议。但很有可能他正在一张普通的圆桌旁专心致志地利用他等候客人的那段有限的时间审读书稿。当他邀请客人来吃饭时，他总是会比客人早到，被邀请的是各色人物——但都有来头——他们带来大量出版方面的新鲜资源和信息。但这种饭局绝不铺张，参与者往往并不很关注饭菜是否丰盛，他们乘兴而来满意而归，每个人都有所获。席间重要的议题很可能很快被付之于周密的出版计划，老沈的出版成果指日可待。

后来很长一段时间，《金庸全集》都是三联书店的摇钱树。尽管盗版依旧猖獗，三联书店的出版权威性，仍使得读者对金庸作品趋之若鹜。但《金庸全集》绝不是老沈最大的杰作，他向往的是出版"无禁区"。他很清楚地知道，没有出版的多样化就没有真正意义上的出版。

这个时候商务的汉译名著开始问世，大博世人眼球。老沈希望独辟蹊径，他希望中国的学术出版可以在某种程度上与世界开始接轨。他认识许多译者和作家，于是他着手规划出版"现代西方学术文库"，后来由此兴起的萨特热就源于这套丛书的译介。海德格尔的《存在与时间》让读者开始了解西方学者对人的存在的另一种解读。而萨特的《存在与虚无》，让很多人反观中国的现实，并陷入了哲学的狂热中。虽然这仅仅掀开了西方哲学思潮大幕的一小角，但引起的震动就如同世界被旋转过来。所有学习文科的大学生乃至对哲学有兴趣的普通人都不由自主地被带入思考自身存在价值的境界之中，生活已经不是吃饱穿暖意义上的了。这套丛书中的《悲剧的诞生》是国内最早译介的尼采的书。而卡西尔的《语言与神话》、胡塞尔的《逻辑研究》、荣格的《心理学与文学》，以及德里达的《声音与现象》，从多种角度反映了西方学界思想涉及的广泛领域——尽管那个时候人们只顾饕餮之饮，并不像后来那样有更精致的选择，但这样的出版无疑让中国的学界以及普通读者大开眼界。后来三联书店出版的海外华人学者的著作，如余英时的《士与中国文化》、林毓生的《中国意识的危机》、黄仁宇的《万历十五年》等与西方学术著作如哈耶克的《自由秩序原理》、费尔南·布罗代尔的《15至18世纪的物质文明、经济和资本主义》形成了相互参照的东西方比较的学术轮廓，反映了更多对历史的进一步反省和审视。

那个时候，三联书店在某种意义上是一个大学以外很受欢迎的精神栖息地，而《读书》则是栖息地里繁花似锦的花园。老沈对于《读书》犹如情窦初开的年轻人对于初恋的珍视，他采花撷草，在无数熟识和陌生的自由来稿中提炼真金白银，让《读书》成为人人都有机会发表作品、具有最高声誉的杂志。葛剑雄的读史，辛丰年的谈乐，赵一凡的读书札记，吴敬琏的经济学，都在各自的学科上展示了深厚的潜力；而金克木、吕叔湘和周有光的文章带出老树回春且不拘一格的异彩。

尽管老沈聪明过人、绝技在身，他所需要的学科知识他都几近无师自通，但在他精彩的出版人生中还是有一个巨大的痛点：从上世纪八十年代到世纪末，是中国出版的一个黄金时期，也是老沈和许多出版人意气风发的时代，但到本世纪开始，他还是不得不从三联书店退休。退休后的老沈几乎每天到三联书店，他还是《读书》杂志最可靠的顾问和编辑的良师益友。他把他的岗位设置在当时的韬奋书店二楼的酒吧里，他还是像过去一样谈笑风生，但他变得更像一本被出版了的专业词典，每天都在为各种老朋友和新朋友提供准确的查阅服务，这是他自愿和免费的。他也继续参与《读书》的重要活动，只是他的名字从出版物上消失了；他自由自在地走动，但不再是三联书店运转的核心。他年事已高，虽然依然去三联书店，但听到的已经不是春风瑞雨般的讨论，也不是尖锐的对峙，而是禁忌牵绊，他所曾经熟悉的世界已经被颠覆。

我现在想起老沈，会想起他领着我们几个人去北京的一条小胡同，找到一家看上去黑乎乎的很特别的温州小饭馆，点那里的小海鲜；会想到他领着我去上海的某个小巷，眺望二楼破旧的小木窗，那里曾经发生过一个有点浪漫色彩的还带有某种虚拟效果的故事。我也会想到那些被他称为大小姐的三联《读书》杂志的编辑吴彬、赵丽雅和倪乐等，我偶尔也会想起他曾经教唆我的伎俩——用于讨好另一个领导，但一点不奏效。我更会想起他如何以他独有的方式款待所有他认为认真做出版的新老朋友。

但是，我不习惯他变得沉默，我喜欢他滔滔不绝，并暗自窃喜他讲的故事我早就听了好几遍。我也不习惯他听不见别人讲话。但是，话说过来，难道今天人们要对他说的话真的有那么有趣并能够引人开怀大笑吗？其实也罢，让这个世界变去，何必听它？

沈公送我繁体字版《读书》

谢其章

十几年前的一个秋日，我在鲁迅博物馆参加一个活动，正在鲁迅故居前面的空地与人闲聊，汪景闻半搀半扶着沈昌文先生走过来（我的印象如此。其实沈公到现在亦用不着谁来搀扶），汪景闻对沈先生说，他就是谢其章（其实汪景闻的原话比这句更让我受宠若惊，恕我不能照直了说）。这是我与沈公的第一面。沈公八十寿宴，不知是谁将我安排坐在沈公的左首，那时我与沈公的朋友圈不熟，话也不敢说，菜也不敢夹，如坐针毡。好像与沈公只交谈了几句：您知道潘国彦吗，他是我表哥；您知道方厚枢吧，他是我邻居。典型的没话找话，套近乎。

更早的时候，在《南方周末》读到沈公的文章《〈读书〉二十年》，读得我心潮澎湃，不夸张的。旁人不理解我的"杂志控"，为了配齐《读书》，我曾麻烦过藏书家姜德明先生，姜先生回信说，君爱书，我一定记着。什么麻烦事呢，我有一个小本子，上面记着所缺杂志的期数，如：《书林》缺"1980年第4期，1988年第7期，1989年第1、3、9、10、11、12期"；《集邮》缺"1984年第12期，1989年第2、11期"；《大众电影》缺"1979年第2期"；《读书》缺"1982年第2期，1985年第2期"。麻烦姜先生的即这两本《读书》，多大的事呀，可您别忘了，今天易如反掌的事情，当年可难啦。我甚至去废品站堆积如山的书报杂志里大海捞针过。当然，现在小本上1949年之后的杂志，全部配齐。1949年之前的数十种，经过三十年艰苦卓绝的努力，配齐了四种，若欲全数配齐，此生恐无望。

热爱沈公也好，崇拜沈公也好，你得先热爱沈公念兹在兹的《读书》杂志。

北京对于报刊亭的态度阴晴不定，前几年街头巷尾，隔不多远就一报刊亭，如今呢，十里八里寻不见一个。我倒不是怀念报刊亭，我是怀念那热追《读书》的美好时光。奇了怪了，好像二报一刊似的，每个报刊亭必须出售《读书》，阳春白雪与下里巴人，和平共处。我曾好奇地问小区门口的报刊亭，你一月能卖几本《读书》，答，进五本，卖不完退回去。

我上班的时候，每月初的几天，路过报刊亭总要望上一眼，瞅见新一期《读书》摆上了，赶紧下车（自行车）买一本。1996年韬奋三联书店大楼落成，我小区旁的"康恩专线"直达，我每月去一趟，一进门第一件事就是买《读书》。

我以为最好看的《读书》，是八十、九十两个年代，最最最好看的是1994至1997年这四年的48期。为什么是这四年而不是其他年份？因为我是靠数据说话的，这四年的好文章，我专门用本子抄了下来，对不起了，别的年份，不是你们不好，是我懒了没抄，盖抄不胜抄。忽然想到，这四年沈公还在不在《读书》主编任上，应该在吧。现在每年略抄几文，以证吾言不虚。

1994年第1期（总第178期），辛丰年《怀娥铃在中华的冷热》。

1994年第2期（总第179期），周劭《失落感旧（续一）》。

1994年第4期（总第181期），林夕《岂待开卷看，抚弄亦欣然》。（用红笔点了三个惊叹号。林夕用红笔圈上，后来知道这是杨成恺的笔名。）

1994年第5期（总第182期），恺蒂《无冕与有冕之争》。

1994年第6期（总第183期），恺蒂《书里的风景》。

1995年第1期（总第190期），谢兴尧《我编专刊》。

1995年第2期（总第191期），李陀《"开心果女郎"》。

1995年第5期（总第194期），扬之水《世纪初的"开心果女郎"》。（扬之水的巅峰之作。那本港货"开心果"好贵呀。）

1995年第8期（总第197期），邓云乡《梅兰芳·齐如山·剧学丛书》。

1995年第12期（总第201期），张中行《有关史识的闲话》。

1996年第1期（总第202期），董桥《初白庵著书——砚边读史漫兴》，一默《关于黄裳》。（微博和微信是谣言和谎言的温床，搬弄是非者的筵席。我一向敬重黄裳先生和董桥先生，却被流言蜚语传走了样。黄裳先生在接到我的信后，回信称："……我也是听来的。先生为文波俏，易引误会。"一场风波遂寝。）

1996 年第 3 期（总第 204 期），谢兴尧《回忆〈逸经〉与〈逸文〉》。（我父亲 1951 年给《人民日报》投稿，认识了谢兴尧，谢兴尧送父亲他写的一本书现在归我保存。《逸经》总出 36 期，我刚刚配齐。）

1996 年第 8 期（总第 210 期），金性尧《饮冰室藏书目录》。（金性尧笔名"文载道"，四十年代上海文坛知名作家。）

1996 年第 9 期（总第 211 期），施康强《砖塔胡同》。

1997 年第 2 期（总第 215 期），王蒙《我心目中的丁玲》。（王蒙于《读书》专栏名"欲读书结"，篇篇好！）

1997 年第 11 期（总第 224 期），李长声《日本稿酬古今谈》。

1997 年第 12 期（总第 225 期），聂作平《日记是可怕的》。

当初年幼无知，很烂的文章也抄了若干。黄裳说得对，"愧则有之，却并不悔"。

沈公卸任之后的《读书》，慢慢地感觉不那么好看了。三百期以后的《读书》，我不再痴迷地一期期买了，在书店翻翻目录再决定买不买。现在呢，懒人的春天啊，我连《读书》的名字都懒得去听了。

2009年初秋，"九一三"这天，陆灏来京，在北河沿翠明庄宴客。来客有沈公、止庵、李长声、徐时霖、绿茶（方绪晓），我。陆灏点菜，边点边问大家什么是不吃的，牛羊肉一致"被不吃"。我问沈公繁体字版《读书》出了多少期，沈公说两年吧，并答应送我一套。11月3日，收到沈公寄来的一大包繁体字的《读书》。

很多年前在琉璃厂旧书书市，偶尔买到两本繁体字的《读书》，香港三联书店所出，内容与简体字版并无二致，印书纸却好很多，令我一见倾心。繁体字，不怒自威，同样的文章，不一样的感觉。电脑上作文，"简转繁"很容易，我有时也玩玩这套自欺欺人的把戏，卷面的感觉有一点儿"化腐朽为神奇"。

沈公告老还乡，发挥了一个大大的余热，与俞晓群、陆灏谋划出版了《万象》杂志。当时我真高兴坏了，1941年的老《万象》，寒舍存有全份，看到新《万象》创刊号的目录，有如老《万象》还了魂。还真被我猜中了，《读书》上的好作者，泰半移师《万象》，这自然是沈公的感召力。

　　敬沈公，敬《读书》。

我的师傅沈昌文

刘苏里

一

万圣书园创办于 1993 年。二十六年来，万圣在沈公的目光和关照下，一天天走过来。记得沈公最近一次来万圣，是去年春夏之交，我和焕萍不在北京，错过跟沈公一次微醺的机会。

二十六年来，沈公是呵护万圣成长的第一人。他对万圣的影响，先是言传身教，后是通过我们这些"徒弟"，传递到书店经营的很多细节之中。沈公自己未必意识到，"外人"更难看出名堂。但作为当事人的我们，深知沈公留下了哪些印迹，并因此常怀感激之情。"我们"的意思是，沈公不仅是我办书店的师傅，还是万圣历任老员工的师傅，焕萍的师傅。"我的师傅沈昌文"，也就是我们的师傅沈昌文。

二

大约 1992、1993 年，我正式认识沈昌文先生，叫他"沈公"。彼时沈公五十出头，"沈公"的称呼，从那时开始流传起来。

很多年后回头看时，才意识到从一开始，我是把沈公当师傅的。事实上，我既未正式拜过师，沈公也未必认我这个徒弟。

我相信甚至知道，沈公有很多嫡传弟子，比如当年《读书》杂志的几朵金花，后来《万象》杂志和"万有文库"的各位主持人……猜测，在他八秩前后，仍有人立雪沈门。那一年，沈公寿日，我们又出了远门，无法与席，唯写祝词，请人代为选读。

真真体会到了什么叫"岁月如梭""白驹过隙"。一晃又是八年，沈公八十八米寿，我亦近耳顺。编辑约稿，说是字数限制三千。其实，我只想说四个字："沈公你好！"

三

于公于私，我都只想说"沈公你好！"四个字，庆祝他八八大寿。

沈公是这样的人：在他淡出人们视野之前，时代因缺少这样的人物而少了趣味，如果不是黯淡无光的话。沈公是黄昏里的一盏灯，照亮了许多人的道路，并指引很多人向前走。

1996年，沈公主政的《读书》杂志，愿意每期拿出二百本，赠送北大、清华以及附近的学子们，由万圣具体操办。那时的《读书》，依然是大陆中国文化思想界的风向标。万圣尚处幼年，担此重任，不啻一种鼓励，还为万圣打通跟学子们的血脉关系埋下伏笔。

大概同一个时期，沈公用后来叫《诚品好读》的企业内刊，把台湾诚品书店引入我们的视野。每收到一期，他必寄给我们，或来访时背来。万圣从中第一次了解到外部世界书店的经营面貌。同一年，也是沈公，向我们介绍旅美书人钟芳玲女士的《书店风景》，使我们大开眼界，对独立书店世界的认知上了一层高高的台阶。

万圣创办的第一个十年，沈公不知带来多少出版、文化界人士，更不知带来多少旅居海外的华人学者、作家访问万圣。又通过他们，带来更多的访客。

我们回报沈公的，就是时常的"微醺"，——沈公喜酒，尤喜啤酒。其实微醺之间，是更多的信息和"不经意"的教导。

也是很多年后，我能回忆起的人生上的保守主义第一课，就来自沈公。他是持守保守主义立场的人，从日常生活到做事规矩。他批评你，永远是"不经意"的。在这一点，我是不合格的徒弟。沈公不可能看不出来，——他大概能宽宥徒弟不"循规蹈矩"，或用言传身教代替批评，你悟性不好，他也只好说一句"yayawu"（大概是"夜夜乌"的发音）。

沈公是保守主义者，在于他珍视传统（我猜，他一定是反对无厘头变革的人）。一个很好的例证，是听他经常讲学徒生涯，讲他从十三岁做学徒到创办《读书》的师傅们，缅怀和钦佩之情溢于言表。八十年代初，沈公已近知命之年，主持《读书》杂志，不仅拉上很多位师傅，还不断向师傅们请教，陈原先生是一位。他也常常提起范用先生。

上面讲的几个我亲身经历的例子，还说明沈公对后进的提携、奖掖不遗余力，不求回报。他不求现报，必有他求。沈公是那种不事声张的文化香火的传递者，他对后来者寄予厚望。

四

在沈公身上，我还领略了老辈人不求闻达，坚持事必躬亲、轻重有致、精益求精的格调。

2004 年，《读书》二十五周年，我们说动沈公出山主持活动，他答应下来，并由焕萍具体操办。沈公不仅同意展出包括李洪林先生《读书无禁区》在内的《读书》历年作者的大量手稿、来往信函，还撰写了《春潮涌动读书时》，作为活动的"发刊词"，并亲自致函，请来了包括丁聪、陈乐民、资中筠、刘德海、李辉等学者和艺术家演讲、演出助阵。整个活动延续两个月，他始终在场，直到闭幕。

你一旦被他记挂，便要准备好接受他永不枯竭的善意。二十余年来，他寄发给万圣的各种书讯、书目，剪贴的有关书业的信息、作者文章，不可胜数。我知道他的好意，并非施予我个人，他对万圣有期待。他从不给万圣打分，却二十余年坚持访问万圣，带来一众宾客，背地里推荐，更是无以计数。

除了店庆，万圣很少为自己举办活动，可数的，是几次搬迁。每次搬迁，沈公总是亲临新址，并跟万圣的读者见面，或发表简短演讲，或现场问答，从不缺席。私下常想，我自诩他私淑弟子，能做到师傅一二吗？传统的价值，在代代相传，我这一辈，能不辜负他的期待吗？

五

沈公期待我们什么呢？他从不明示。多半让他失望了吧。我们并不知道答案。直到2014年春天我遭遇病痛，他和老伴儿"白大夫"领着我找白大夫已退休的学生"姚主任"，一见面沈公便跟姚主任说："这个世界可以没有我，但不能没有他……"姚主任把我介绍给她的学生杨院长，信笺上写着："……你要亲自为他做手术。"那一年，沈公已八十三岁。五年来，我仍不敢松懈，跟他的那句话，有很大关系，也跟我看到某种价值在三代心内科医生之间传递，有着隐秘的关系。差不多就在那一刻，我悟出了沈公二十六年来对我也是对万圣的期待：坚持做好书店，把知识和思想的香火传递下去。

此生只怕辜负了师傅的殷切期待。

六

　　我与师傅有很多故事，但我不会讲故事。在他八八华诞的日子，我只想说四个字："沈公你好！"

亲爱的沈公

醒客张

苏里问："有人约我写沈公，你要不要也写？"

"可是我哪里有什么资格写？"我说，"但是，我真的很想记录沈公，特别是我们真该去看看他了。"

苏里说他尽快约。

我和沈公的交往始于一封信，在收到那封信前，我都没见过沈公。那封信给我的印象很深。

那是1999年苏里刚和我恋爱时，这个突发"事件"在圈子里反应还是挺大的。虽然大家都"不忍心"公开说，但纷纷打听，疑问也很多，也就刘苏里这样的人可以承受吧。好在我和他的朋友圈完全没有交集，大家也不知道我是谁。后来我才听说竟然也有不少人猜我比苏里小多少多少岁，其实我们只差一岁半。有时候，你不知道许多实时的信息，可能会让你挺"傻"的，但也可能让你更自然和轻松，让你有机会正常面对一个特别麻烦的事情。

沈公是那时苏里朋友圈里最早向我伸出援手的人。他寄来的信，收信人是我。那大概是人们到邮局寄信的最后岁月了吧，我用 BB 机和电子邮件都有几年了，而沈公还在跑邮局。

清楚地记得信的第一句是"苏里、焕萍贤伉俪……"，竖版、钢笔、字大。有些字的尾部会向上翘，比如伉字的竖弯勾，最后撇出了好长，甩在有红色道格的笺纸上。信的内容就是让帮忙找一本书，说要是能找到，就回信告诉他。可那时我和苏里还处在你接我送的阶段，明明还没"伉俪"。所以看到信的称呼，我内心颇多感慨，首先当然是油然的感激。那时的我，既不想与我的老朋友解释什么，也不是非要和苏里及万圣的老朋友交往，沈公的信和称呼，是有多安慰。但我也只是把信收起来，都没给苏里看呢。现在那封信一定还在，搬家时打在了哪个箱子里，就完全不知道了。

后来就常和沈公有交往了，早几年他老开玩笑说：

"我本来是长年和刘苏里谈恋爱的，认识焕萍后就不想刘苏里了，我是来约焕萍的。"他故意强调是刘苏里，而不说苏里，还一本正经地在别人面前叫我张总。每次他说这样的话时我都笑而不语，我知道沈公阅人无数，他了解苏里的性情，也理解通常的爱情，更明白人生在又需要做事情又需要恋爱和家庭时多么难以平衡。与其说他是在鼓励我们，不如说他是在支持万圣，支持读书人。他是智者。

和沈公交往最密切的一段时间是2004年秋万圣办的《读书》杂志展。我体会，这个展览既是苏里献给《读书》二十五周年的，也是献给荣休后的沈公的。苏里借着被万科的一个叫"西山庭院"的项目请去帮助营销，就把这个展览开列出来。虽然当时我们"太谦虚"，向万科要的钱很少，但我们那个展览办得非常好，我相信，起码沈公是满意的。

展览首先把沈公能找到的《读书》杂志的旧档案，包括手稿、照片、以往的杂志，都用玻璃柜、镜框、巨大的展板、巨幅的展布等像装置艺术般地展出来。犹记沈公大半夜里带着苏里和我到崇文门的一座老单元楼，爬上窄窄的楼梯，打开一套很小的公寓，在一堆堆书中把《读书》杂志按年份找齐。沈公非常信任、很大方地说，不要紧，多拿点儿，拿重了不要紧。我当时的感觉是，他并非不珍惜那些他存了二十多年的东西，而是要把它交出来，交给我们，因为当时我们还年轻。

西山庭院是个价格不菲的地产项目，有一个雄心勃勃的销售队伍，加一个很有生气的广告公司，所以，我们配合得非常愉快。展品错落有致，内容浓缩而丰富。那时搞个展览还是可以自由施展的。

开展后沈公很有节奏地把《读书》杂志的老作者请来做讲座，每周一个，大概持续了两个月。那时讲座没有微信打扰，来听座的就是听讲座，没有车马费，也没有赶场子的意思。当然沈公有面子，苏里对内容有组织，每次沈公往主讲人身边一坐，然后就是一场大餐：有叙事，有思想，还有演奏和欢笑。

也是在那一场场演讲中，我认识了丁聪先生和他的夫人，陈乐民先生和资先生，赵一凡先生和陈平原先生，还结交了老邻居吴彬老师。

我看到了李洪林先生《读书无禁区》的原稿，还有好多早年给《读书》杂志写稿的老作家的手稿。能记起来的有钱锺书、冯亦代、柯灵、楼适夷、王西彦、俞平伯、吴世昌、周珏良、柳无忌、徐铸成、沈从文、杨武能、舒芜、费孝通、李泽厚、黄苗子，等等，好多。不同的纸张，不同的字体、编辑的加工，还有排字的要求，像是"正文五号两分条，注文六号回行齐"什么的……每张手稿的墨迹都浸透了纸张，散发着那一代老人最活跃的生命力，他们重拾思想、重拾启蒙的急切的活力。还有很多老一辈知识人参加《读书》服务日的照片，那洋溢在脸上的开放的神情，那种真诚的欣慰感。还有不少读者来信，热烈地讨论着杂志的内容，对每个新的"提法"、新的观念，或批评或叫绝。

还记得在开展前大概半年吧，沈公拉着我俩和陈原先生在小莫斯科餐厅吃过焖罐羊肉。陈原是《读书》杂志的第一任主编，遗憾的是先生竟在展陈期间谢世。

那次展览沈公写了前言"春潮涌动读书时"，我们给做成巨大的、足有三米多高两米多宽的展板，放到展览大厅一进门。我们把汪曾祺先生的"岂能如君意，时还读我书"，喷在巨幅的银雕布上，从二楼垂下。正如沈公说的："经过多少年的停滞和反复，经过无限辛酸……到 1978 年底，中国终于迎来了新生：启蒙的阳光开始绽露，改革开放的雨露开始洒向人间……改革开放初期的历史，永远值得后人记忆。"

为了办那次展览，沈公把一些具体事宜交给他的老部下吴彬老师。吴老师是吴祖光先生的侄女，小时候由吴先生抚养。祖光先生和新凤霞女士在北京东城的院子紧邻我阿公家，我也在那里长大。红卫兵抄我们两家时的状况我记得非常清楚，那些故事我另有记述。

最记得吴彬老师说的一个故事是，当年沈公为"拉稿"，常请八十年代被"解放"的老文人吃饭。那时吃饭很难得下馆子，一般都是自己做。沈公在办公楼里给作家们做过一次他拿手的红烧肉，但焯肉后没有漏勺沥水。很快吴彬老师就发现捞出来的肉被放到一个旧的竹筲箕上了，这让吴老师立即记起楼道女厕所里一直放着一个破竹筲箕，看到沈公用的也许是涮洗了一下的那个家伙事儿（方言是工具的意思），就马上跑去女厕所，果然，那里的筲箕不见了。吴老师讲这个故事时，沈公仍不承认，也不否定，只是兴奋地说，那是我做得最成功的一次红烧肉。

实际上，沈公总是这样，他对很多事都有兴趣，说起一件事来，他其实比谁都高兴、动作都快，但表面上并不显出兴奋，更不惊讶，多是自嘲和幽默，暗中鼓动，驾轻就熟。他跟我讲过他是从宁波的一个小学徒一路跑到上海讨生活的，所以每当他两个裤脚都高低不平，一只卷着，一只拉到鞋底，风风火火地跑来时，我仿佛都能看到那个狡猾、聪慧、勤奋、敏锐的来自宁波的小上海，一眨眼又看到了站在面前的这位历经风雨后，宽容、高尚、善良、正直，并且有远见的出版人。一个比很多、很多人都好的好老头。

那次的读书展是万圣向沈公深深的致敬，能参与操办，我也感到非常安慰。

再后来，万圣的一些活动，也会请沈公。记得有一个新书发布会，沈公来捧场。会后大家都请那位作者签名，我就把沈公的书也拿出来了，虽然没有那位新书作者那么多粉丝，但沈公还是高兴地陪在一边。当时我心想，旁边的这些人呀，你们不知道，坐在这里的这位是个大宝呢。

沈公那本书的扉页上是一幅他的漫画，题为"废纸我买"——一个小老头背着个大双肩包，鼓鼓的，双手还各提着一袋书。当时他的名片也是那幅漫画，还是沈公自己打印的。是的，沈公每次来万圣都更爱在当时一楼的折扣店淘书，选出一堆后就特别高兴地到二楼要一杯，或者再加一杯意式特浓，然后再到楼下付书款，整整他的双肩包，提着书往地铁 13 号线跑。好多次我都说，给您打个车吧，老头说，不、不，我还要到什么什么地方去和谁谁约会呢。

再后来沈公年纪越来越大，难得来海淀一次。2014年苏里犯了一次严重的心脏病，危险过后朋友建议找沈公，准确地说是找沈公的太太白大夫。沈公跟我讲过几个版本的他和白大夫的故事，被他说得多迫不得已似的，但我听出的却是白大夫对沈公一生的关照和助他越过险关。

苏里找到白大夫，他们老夫妻俩亲自带苏里去找心脏科专家，沈公指着苏里对那位专家说：你知道他是谁吗？告诉你，我可以死，他不可以死。说得好过分，却还是幽默诙谐的口吻。

转眼又过了两年。我们只请沈公和白大夫吃过一次饭。沈公爱喝好啤酒，爱吃江浙菜。那时沈公的听力下降得更厉害了，所以我们更多是跟白大夫聊天。沈公自己也说，有话跟我在电邮里说，我每天四点多醒来先看电邮，回信后会再去睡一会儿。

那次我是真体会了白大夫对沈公身体的管理，老夫老妻的相互扶持。淘气活跃了一辈子的沈公，终于在白大夫的管理下，变成了听话的小老头。沈公说过，白大夫每天给他一把药，"有没有毒药也不知道"。沈公一直用这样的方式表达他对爱情的"就范"。想一想，几十年如一日地按时给丈夫配药，也不是那么容易坚持的。

那天饭后我们在阳光下合影，我发到微信上说，沈公和白大夫是苏里的救命恩人！

告别时说好了再会，但这一再会，一晃就是两三年过去了。

最近我非常想念他老人家，因为我听说他的听力更差了。我催了苏里好几次，说：咱们快去看看沈公吧。

今天，看到苏里在给一本书写一篇关于沈公的稿，我就也一鼓作气写了上面这些文字，表达我对他的惦念、敬仰和深深的感谢。为一个还说得出精彩的时代里最活跃的读书推手，为亲爱的沈公。

您保重！

饕餮沈公

顾 犇

　　认识沈昌文先生二十多年，有很多接触。如果要说一些关于沈公的事情，那我首先就会想起来吃，亦即饕餮之事。

　　关于吃，沈公在自己的书里就直言不讳："我编的是小刊物。当年，我们编辑部或在地下室，或在厂房，不成体统。本人忝为主编，文房四宝之外，斗室之内有三样不可少：冰箱、电砂锅、咖啡壶。"电砂锅里炖的是红烧肉，冰箱里冷藏的是"普京"（普通燕京啤酒），几杯小酒落肚，吃饱喝足，这样之后再来看稿改稿，沈公形容是"如得神助，灵感迭现"。说的是吃，但也说明当时工作环境之艰苦，大家苦中有乐，做成了事业。上海人对美食特别讲究，沈公也不例外。在改革开放初期，餐饮服务业很不发达，大多数人都不可能经常外出用餐。他能利用吃这件人生琐事，把人的工作做好。大千世界，无奇不有。美食下肚，美酒一干，人与人之间的距离就会缩短。做大事的人，需要肚量，吃也是一个方面。

第一次见沈公，是 1998 年，在紫竹院西侧一个小饭馆，不记得吃的是啥，无非是家常的川菜，但谈的事情却印象深刻，涉及干校、阁楼、上海旧事、《万象》，等等。一个老先生，没有什么事情就请我吃饭，我感觉有点诚惶诚恐。而且，在找人办事必须先吃饭的年代，不知道他有何企图。同行的于奇女士让我不要太紧张，而且沈公也说，不是他自己掏钱，是俞晓群让他请客。我当时也不知道俞晓群是何方神圣，懵懵懂懂，也就交上了朋友。

后来，吃饭的事情当然不少，他总有电话来邀请，可是我却工作太忙，参加次数不多。事后回想起来，都是现在认识的朋友，出版界的名流，错过了很可惜。他约我用轻松的笔法介绍国家图书馆，我按期交稿，在海峡对面发表了。

印象深刻的是，2010 年 1 月，一天晚上吃上海本帮菜，在座有上海来的唐先生等朋友，还有美食家赵珩先生等客人，自然少不了螃蟹和鱼虾。其中宁波呛蟹，一分为十，人人有份。北方人一般都受不了鱼腥味，不习惯生吃海鲜，还能理解，没有想到上海来的客人也没有吃几口，最后是一半给我打包回家，一个人独享了美味。

有一次，沈公要见某领导，不熟悉，不知道如何套瓷，就想方设法了解他的籍贯，他对吃的偏好，于是就去了有地方特色的菜馆，领导非常满意。不仅办成了大事，也成为好朋友，为后来的工作打开了局面。这话听上去有点匪夷所思，也体现了沈公的细心。

2011 年 9 月，在沈公的八十大寿纪念会上，我听到王蒙先生说沈昌文"在发展北京餐饮业上做出了贡献"，可见沈公爱吃是众所周知的。凑巧沈公活跃的时期，正是中国餐饮业迅速发展的年代，说笑中也刻画出沈公的为人风格。王蒙先生继续说道："大哉沈公，无所不通；大哉沈公，无所不精；大哉沈公，嘻嘻松松；大哉沈公，随心所欲。"其实，吃饭，也是他"随心所欲，嘻嘻松松"的一个方面。有人吃饭贪酒，都忘记了正事，而沈公则外圆内方，随意之中有自己的坚持。

过去，如果他做东，还需要周旋。现在，每次他请客，都是别人买单，于是也无所谓，只顾自己吃，反正别人说啥也听不见，享受美食是最重要的事情。饭桌上谈起他，大家的目光都会转过去，而他也会心一笑，好像都听懂了。其实，他告诉我们，你们说啥我都听不见，就当你们说的是"I love you"！

话说爱美食的人，肯定比较挑剔。特别是上海人，对食材、烹饪方式、品尝时候的温度、服务质量等都比较讲究。我觉得，挑剔不是坏事，一般挑剔的人都能把事情做好。沈公爱吃，在出版行业也是追求完美的人。在沈公的策划下，改革开放初期出版的《宽容》《情爱论》《第三次浪潮》等西方经典著作，还有蔡志忠漫画、金庸小说，在社会上引起极大反响，也是一个时代的标志。只要是读书人，回头看那个年代，无人不知这些书。即使没有读过，也肯定听说过，并以无知为耻。我的成长经历，正好与这个年代重叠，可以说我的身上有这个时代的烙印。后来，我才知道，这些影响深远的图书，都出自这个"欺骗北京人的上海人"、这棵"交际草"。沈公不仅是饕餮食客，而且自己就是精神烹饪大师，从找原材料、物色作者和译者、协调多方关系、解决难题，一直到出版、印刷、装帧，为大家奉献了精神大餐。他策划的书之所以能成为时代的标志，也是因为他能把握住烹调的火候，可谓改良版西餐，感觉新鲜，但也不至于影响消化。

有一段时间不经常来往，但仍时有电话联系，他总说自己"老年痴呆"，不记得事情了。他留的电话有好几个，一个是家里的，一个是书店里的，后来才知道那个电话号码是书店旁边咖啡馆的，他竟然每天都到咖啡馆报到，有事情联系就打咖啡馆电话，服务员也都知道他。一次，参加图书颁奖典礼，他给我手机号码，可惜他自己也记不住手机号码，而用纸贴在手机背面。

2014 年国庆长假，我和简平兄一起约沈公聊天，他把地点定在书店里的雕刻时光咖啡馆。点了一杯咖啡以后，就开始聊天。聊到自己的书房，沈公竟然热情地邀请我们去看，这很令我感到意外。我们匆匆离开书店，上了出租车，没有几分钟就到了他的书房。书房朴实无华，正符合我的审美。自己设计安装的角铁书架，还有自己设计的照明电路，本身就说明了沈公的个性。而里面的藏书，很有特点，甚至有几架都是音乐书，我的译著也赫然在列。墙上悬挂丁聪作于 1987 年的《〈读书〉百月生日气象记录》漫画，有诸多名人的签名，十分珍贵。特别是书房里还包括了多年积累下的手稿，我看了怦然心动，几次想联系沈公，纳入馆藏，可是他总有托词。估计是另有下家，或者有不便之处，我也不再勉强。

我自己也爱吃，也喜欢烹调，自然对吃有一定的讲究，虽然没有达到美食家的程度。特别是每次吃臭豆腐、炒大肠的时候，我们之间更是"臭味相投"。

有几次，我们一起吃如皋菜，能体会到南方的特色，自然少不了草头圈子、大煮干丝等特色菜。吃饭以后，他总会向大家作总结发言："欢迎大家不久的将来参加我的追悼会！"不熟悉的客人听了不知所措。看上去幽默，但表现出对人生的淡然态度。人生的终极目标不是寿命，而是过程，我们都理解了他的意思。

最近，时而还有机会见面，见他喜欢吃醉虾，是活虾用酒和调料现场调制，眼睁睁看着活虾醉晕过去。这道菜北方不多见，北方人也不一定喜欢吃。席间，他总爱喝一瓶啤酒，虽然家里人不希望他多喝，还是少不了这口。

吃饭前，他会去逛书店，而一般不会空手而归。吃饭迟到，大家怕他是迷路了，其实他又提了一捆书过来，饭席上向大家介绍自己的收获，甚至还把买的书送给别人。

民以食为天，而后衍生出社交的功能。到了晚年，不是为了吃饱，见到那么多朋友本身就是乐趣，而且还能享受美味，这真是神仙的日子。

思想的邮差

王　强

　　沈公米寿，草鹭诸君要我写写心中的沈公。我踌躇再三。

　　读人实难。任凭怎样着笔，我深知写出真正的沈公，哪怕仅得老人家一个令我满意的侧面，都属大不易的事，无论实现的难度指的是过去、是现在抑或是未来。

　　沈公是一部打开着的、众人翻阅千百遍却依然难以穷尽的大书。这书近九十载丰富人生积淀的书页，胶片般缩微了太多普通文字难以描摹的沧桑、意义、趣味、智慧。沈公这部大书如何读？法国哲学家让 - 吕克·南希洞晓个中艰难，因为"事实上阅读不是引向更多的阅读，而是引向阅读之外的一切，引向有时称之为行动的东西、有时称之为经验的东西，在那里我们同无法辨认的真实不期而遇"（《论思想的商贸：关于书和书店》）。

的确，即使将视野缩小到熟人的真实，那真实往往也是无法轻易辨认的，多半要靠了运气，在日常之外某一不曾设想的他处或可幸运地与之不期而遇。在并非频繁的交往中，虽有幸在数得上来的沈公宴谈上叨陪末座，这如何算得上曾与老人家厚重、多面的真实不期而遇？但我还是禁不住提笔的诱惑，因为文字姻缘上沈公于我有恩，对这一恩情心存已久的感念，我还从未有机会当面向他老人家如实表达过。

2000年1月，《读书毁了我》"真正"的初版——收文不多、题为《书之爱》的小册子——由世界知识出版社出版。光阴倏忽。一晃，书的出版已是近二十载的往事。

想不起来究竟拜托何方神圣（出版商？）替我将此薄薄一册文字递到读书界大名鼎鼎的人物沈公昌文手中。唯能依稀忆得，之所以斗胆托人赠书给从未谋面、从无交集的沈公，是希望借自己文字首次结集成书的机缘，向上世纪八九十年代他所主编的《读书》杂志对我个人思想和人生启蒙产生的重大影响奉上迟到的微薄敬意，丝毫未期许得到沈公任何形式的反馈。然而，过了大半年，出乎意料的是，一位书友自上海寄给我一份《新民晚报》副刊"夜光杯"，打开信封取出展读，竟是沈公评点《书之爱》的文章"爱得死脱"。更出乎意料的是，文章开篇沈公说他1996年去纽约探亲小住时带的一份"多年来想读而未果的书的目录"，其中竟有我早些时候发表于香港中文大学学术刊物《二十一世纪》的文字"书之爱"。沈公写道："王先生说，这本英文书出版于十四世纪，'它是西方世界书话文类的开山之作'；'只要在这世界还有爱书者存在，他（作者）和他的这部小书就不会死去'。说得多让人动心，何况对我这类一辈子靠书过日子的'书贩子'。"文中得知沈公首肯我对伯利以拉丁文写就的《书之爱》的重要价值的判断。不仅如此，老人家竟辛辛苦苦从哥伦比亚大学图书馆复印了英译本全本，带回北京，请肖瑗费心译成汉语，由辽教社推出。沈公说："2000年1月，中国大地将出现两本同名的《书之爱》，可见书之可爱了。这种爱法，用过去上海人的讲法，大概可说是——爱得死脱。对一个老书商说来，遇到如此盛况，真是情愿——死脱拉倒！"

细思、品味这幕令人难忘的细节，出版大家沈公谦逊、敏锐、勤勉的"自画像"带着暖意一下子跃出字里行间，清晰地来到我的眼前。多么陌生却又多么熟悉。一个一辈子靠书过日子，令人可敬可佩的"书贩子"。

初读沈公大作之时，觉他自谦为"书贩子"不过是老人家生性幽默诙谐使然。现在思之，反倒觉着这一浓浓草根味的名目，其真正的内涵，世间又有几人敢于承受？思想家伏尔泰在谈论书业出版的一封信中，曾这样赞赏出版商这一从事"大无畏事业"的"稀有族类"："这些并不多见的人……为艺术的激情所驱动，充满着天才们在其身上唤起的高贵和勇敢的信心，其职业虽为印书商，但他们有着深湛的文学敏锐力，同时还能直面每一个艰难困苦。"不折不扣，沈公正是人类这"稀有族类"中的一员。面对伏尔泰的敬意，"书贩子"的他实在当之无愧。

认识了沈公，有了出席沈公著名饭局的机会。关于有趣难忘的饭局，细细想来，时光中有了不小的变化。

早年沈公健谈，觥筹交错间，常常妙语如珠，逗得众人忘了进箸；近年沈公听力渐弱，不大参与席间众人说笑，沉默的时候多，大部分时间只顾拣选自己中意的菜肴，一口口呷着多年来贪恋不已的冰啤酒。别人翻出轶闻旧账，逗沈公，若众人目光齐刷刷投向他，沈公便机敏地装出听得千真万确的样子，孩子般憨憨点头赔笑，无辜地将自己撇在局外，令肆无忌惮逗乐子的人于心不忍，慌忙收敛起扎人的锋芒。

饭局经历多了，渐渐意识到，在"书贩子"稀有一族里，沈公还是个无可争议的"大美食家"。一个"大"字，不仅体现出老人家好吃、懂吃、恋吃，更体现在老人家久已将"吃"之"大义"升华为人生哲学，而且神圣贯穿进自己不凡的出版生涯。2007 年收文三十八篇的《最后的晚餐》，不仅题目点出"吃"，竟收了十四篇关于"吃"的文字，且将"吃"与编书出版阅读串通一气，似乎他作为出版大家全部成就的秘诀就落在"吃"这一简单朴素却又神秘莫测的"思想命脉"上。

其实，"吃"与文字和思想原本就是一家。美食的鉴赏力本质上即是文学的敏锐力。哲学家培根谈读书有过吃与读相比拟的妙喻，水天同先生译为："有些书可供一尝，有些书可以吞下，有不多的几部书则应当咀嚼消化。"让-吕克·南希也有一妙喻："'读'或者'吃掉！吞下！'给予你的那部书。我们从未停止（谈论）如饥似渴地吞食书籍，无论它们吃起来是苦是甜，是用蜂蜜做成的还是用毒药做成的。"（《论思想的商贸：关于书和书店》）这"一尝"、这"吞下"、这"咀嚼消化"、这"如饥似渴地吞食"，何尝不是沈公编书、选书、出书时对思想的文字进行品味判断的奥秘的沃土？精美的胃口所能通向的乃是精深的思想。

前些年赴沈公饭局，常见老人家骑辆旧自行车，车座上硬朗身板的背后服服帖帖趴一个鼓鼓囊囊褪了色的粗布双肩背包，包里放满了顺路淘到的书册——老人沾沾自喜的"便宜货"。暮色中，老人家骑行的身姿或缓缓而来或惬意而去，像极了上个世纪走街串巷为翘首期盼的家家户户辛劳传递信件报纸的邮递员。

巧得很，沈公不止一次谈及"邮政局"，虽然为的是调侃令他直皱眉头的西方时髦思潮。"我看过一些'邮政局派'的著作，晕头转向，不知所云（'邮政局派'是指 post-，以我的英语，当年只知其为邮局，而不明另有所指）。"（《读书毁了我》序）"说起饮食，我很注意市上新出的几本谈后现代饮食的书，买来很费心地拜读一过。二十来年前很吃了'后现代'这劳什子的亏。自以为英文 post 这词至少认得它已几十年了，小时候在上海走过外白渡桥便见到邮局门口大招牌上有这词。哪知道现在这里居然不是'邮局'的意思了。编杂志时，便因此上了大当。因此以后一见'后……'，便心惊肉跳，以为天下又有新事要出现了。饮食的后现代论，是是非非，不去说它。但看那些书后自省，不管时代的要求如何，在我这老迈的过时人来说，饮食的现代化已经吃不消，最好是回到前现代的年头。"（《回到"前现代"去》，《最后的晚餐》）

依照让 - 吕克·南希的定义，如果书籍的出版贩售、书店的存续经营本质上属于"思想的商贸"，那么不妨说，数十载文字世界惬意的悠游为中国读书界造就了沈公这样一位无法复制的"思想的邮差"。

几十年来，这位忠于职守的邮差毫无倦怠，乐此不疲，执着倔强，怀揣着勇气和信念，睿智地穿行于漫长时光复杂的"后现代"与"前现代"之间，因之，无数件真正思想文字的包裹得以经老人家温暖的手踏实地传递给每一位如饥似渴的中国读书人。读书的我们多么幸运。

谢谢沈公。沈公米寿快乐！

沈公十日谈

胡洪侠

2018 年 11 月 29 日

　　我来迟了。在阜成路西头定慧桥下转来绕去，才发现那家饭店的招牌。这不是北京城路灯辉煌的街区，况是冬夜，我又初来乍到。冲上二楼，推开大包房的门，一眼望见沈公，正端坐在一张大圆桌的主位上，于一片喧闹声中，独自笑着。他的左手边，当然是俞晓群；右手位空着，是给我留的。这已是近十年来的惯例：我每次来京，晓群大哥都会组一个饭局，主角永远是沈公，我则居右奉陪。因我是客，嗓门又大，挨沈公坐，容易应付对话中沈公年年减弱的听力。八十七岁的老人家了，他和世界沟通的方式越来越少，多是沉默以对，四

165

处微笑，偶尔有兴致，才提高音量，喊出几个新"创作"的笑话。几十年在书籍出版的舞台中央呼风唤雨，仿佛总是深陷作战指挥中心的吵吵嚷嚷之中，如今，生活于他而言终于慢慢安静下来。

他眼皮底下的这张饭桌则难以安静，尤其我来了，更闹。早已入席的朋友们，除了张冠生、徐时霖、顾犇几位常常自带安静而来，其他诸位，祝勇、谢其章（经常还有止庵、韦力、吴兴文、郑勇、杨小洲，等等），再加上忙东忙西的朱立利，哪位是无话可说的？沉稳如东道主俞晓群，酒过三巡，也是要响遏行云的。

沈公照例喝他的啤酒。敬了几杯之后，我问他今天是坐什么车过来的。为节省老人家的脑力，照顾他的听力，也免得他多耗心力，我渐渐不再问那些二十世纪八十年代的风雨雷电了，不再核实《读书》杂志的"疯男疯女"掌故和《情爱论》的删减内容了，不再深究三联版蔡志忠漫画和金庸作品集的内幕与细节了。我们只和他谈谈今天的事。

"今天，"他说，"我应邀来参加我的大 BOSS 俞晓群先生的晚宴。我早早坐公共汽车出门，转车时顺便去逛了一家二手书店，那里专门卖一些打折的书。我挑了几本，带了来，送给各位。各位自己去选，书就在沙发那边。"沈公这是又要送书了。他一辈子不仅编书、读书、买书、翻书、谈书、写书，还常常自己买书或将手头存书送朋友。2004 年的一个饭局上，我问他养生之道，他说他练一门气功，叫小周天，练了几十年了，受益无穷。他给我介绍蒋维乔的静坐法，嘱我一定要学。回深圳后，忽然收到北京寄来的两本书，全和"因是子静坐法"有关，竟然就是沈公寄来的。

一见此刻沈公"旧疾复发"，我赶紧溜过去，找到那个红色环保袋，将书一一取出，摆在茶几上。书共五本：星云大师《豁达：做人之道》，陈益民《阿 Q 永远健在》，还有《中国避讳》《闲话文人》，最后是一本《因为懂得　所以慈悲——张爱玲的倾城往事》。

在满坑满谷的折扣书堆里，沈公为什么挑出了这五种？这是他过往做书时选题策划的微弱余响，还是他对未来读物市场的瞬时判断？抑或是挑无可挑而又不得不挑的聊胜于无？

我巡阅一遍，书心未动，欣然归座。又有几位也去看了看，翻了翻，也都空手而回。我忽然就想念上海的陈子善了。陈老师此刻若在，一定不会让张爱玲寂寞的。

酒足饭饱，转眼要道别了。沈公穿上外套，戴好帽子，围好围脖，然后走到那五本书前，喊道："各位如果喜欢哪一本，就拿走翻翻。我买来也是送各位的。"

大家嘻哈答应，都祝沈公多多保重、健康长寿，可是无人选书以应。

沈公只好将那包书提在手中："各位客气，我只好自己留着了。"

2002 年 12 月 6 日

沈公米寿，草鹭要出书祝寿，命我作文一篇。若在旧时，我需以"寿序"应命，可是，我哪有铺排"寿序"的本事？忽然想到，为文编刊，交友吃饭，我追随沈公也有年头了，不妨借《十日谈》名目，写一篇《沈公十日谈》。我先写了 2018 年 11 月底在沈公饭局上的见闻，接下来就该写我第一次拜见沈公的事了。于是，电脑上输入"沈昌文"三字，搜我旧文中可资参考的段落。先就读到 2004 年我主编《文化广场》时所写"眉批一二三"中的一段：

《读书》杂志的编辑我也佩服。前年冬天，朋友替我约了《读书》的老主编沈昌文在北京韬奋图书中心二楼咖啡馆见面。我和朋友先到了，挑了中间一个位置落座，立刻就给咖啡香和书香包围了。前方咖啡馆的深处，有长桌一列，桌四周有宾客一群，众人皆以窃窃私语之声争辩着一个公共话题，朋友说那是《读书》杂志召集的小型学术座谈会。回头望去，则是书架琳琅，群籍安稳。正四顾间，沈公昌文风风火火地来了，脸色被门外的寒风染成了深红，像一本书话集的古朴封面。他传授了我几招编刊选书的"秘诀"；他说一会儿他还有约会，也是谈书的事："我每天做的就是为书做'媒'的事。"

嗯，写得真好。是我写的？

说是"前年冬天"，算了半天，算出是 2002 年冬天。这大抵可信，盖因我去北京，喜欢选冬天。离京南下深圳迄今近三十年，在一个没有冬天的城市住久了，会非常想念北方的冬阳、冬夜与冬雪。《深圳商报》的"文化广场"周刊，世纪之交，停刊有年，2003 年 3 月的复刊由我主持，一如 1995 年的创刊。如此说来，我去北京求见沈公，当是为"文化广场"谋划未来。

且看我在文档中搜出的第二段：

冠生兄领我去北京三联二楼咖啡厅拜见沈昌文先生。"这是深圳来的，"冠生说，"深圳商报《文化广场》的主编，胡洪侠，我们都叫他大侠。"沈公笑眯眯的，边听边点头，客客气气地说了几个"好"，全没有额外的热情和深谈的兴趣。

我一看大事不妙，赶紧接过话头喊道："沈公，我是OK先生。"

"噢！"沈公陡然转头向我，提高音调说，"你就是OK先生。"于是大家都笑了。

冠生"哎"了一声，笑着看了我一眼。我知道他需要解释。"OK先生是我用过的网名。"我说，"沈公和我都在一个叫'闲闲书话'的论坛里玩儿。"

沈公连忙说："我只潜水，不发言。不过你OK先生的'非日记'我还是有点印象的。"

这就是了。我和冠生九十年代初期即在深圳相识，后迅速升级为相知。回北京工作后他和沈公打交道多年，我想一睹"真人"风采，求冠生引见当然最为方便。

可是，既然是写《沈公十日谈》，所述所忆不仅应标出"年、月"，更理应精确到"日"。我第一次见到沈公，究竟是何月何日？我在自己的文字里查不到，只好再求冠生大哥。

几分钟后，答案来了："2002 年 12 月 6 日下午 14：30，三联书店二楼咖啡厅。"

片刻，冠生的日记手迹图片传到。是十七年前的"文献"了：横格白纸，墨迹井然，笔画一丝不乱，记事繁简有致。我每每感叹冠生沉稳踏实如山，山中藏龙卧虎，可是他仍不断给人意外惊喜，让人感佩不已。

十七年前的那天晚上，他写道：

一上班就为大侠寻找沈昌文先生。

家里没有。工作室没有。三联书店二楼咖啡厅没有。无奈之余，拜托张琳娜代为留意，一旦见到沈先生，即请他给我电话，有要事求见。

近午时，沈先生来电话。约在今天下午 2：30—3：00，齐聚三联书店二楼咖啡厅晤谈。

届时前往，大侠已至。坐谈片刻，沈先生亦至。

沈先生以前从网络上和陆灏那里知道一个"OK 先生"，活跃于南国文化界，尤其是与书有关的事情。今天对上了号，不由开"沈式玩笑"说：原来听名字里有 xia 字，还以为是个漂亮小姐冒充男士，今日得见，才知是一位堂堂靓仔。

　　沈先生忙，言过三巡就得离座去会见好友郝明义。深表感谢之余送其赴约，继续与大侠谈。又约徐晓明日晤谈。……

　　看看，十七年前，沈公刚逾古稀，虽已退休，精神焕发，胸有成书万卷待出版，天天又有东西南北各路饭局要主持；白日跨上自行车，一骑绝尘，凌晨潜入互联网，春风得意。虽然迟至2002年才得以与之会面半小时，可我毕竟也算亲眼见识了一星半点儿沈公巅峰状态"下半场"的风采。

1988 年 8 月 18 日

　　沈公的巅峰状态"上半场"，当然是二十世纪八十年代和九十年代。那个年代他见过的人和见过他的人，领导过他的人和他领导的人，去过编辑部"阁楼"、在《读书》开专栏、参加过"《读书》服务日"的人，如今都成了传说。

　　此刻我试图经由"传说隧道"找到我的清晰图像，找不到。只模模糊糊在当时河北省衡水地委办公楼三楼靠北一间办公室里，发现一个年轻人的身影——

时间显示是 1988 年 8 月 18 日的上午，刚刚上班，那位身穿破旧牛仔裤的青年，在单位订阅的新到报刊中，发现了第八期《读书》杂志。他连忙抢在手里，回到座位，按多年养成的习惯，开始从后往前，一路读下去。他那时也读《读者文摘》和《新华文摘》，还有这个"月刊"那个"选刊"之类。翻这些杂志，他是从前往后看的。唯独《读书》，他一定先读最后的"编辑絮语"，然后再慢慢一篇一篇倒翻上去。万一某期竟然没有"絮语"，即若有所失，甚至胡思乱想起来。那时他已经做过几年报纸编辑，对如何写作如何编报编刊有兴趣。他也爱读书，尽管身处小城，买书不便，可是新华书店有新书订阅服务，街上有一两家书摊和书屋，他还是可以买到《第三次浪潮》《宽容》《随想录》《情爱论》《悲剧的诞生》《傅雷家书》《洗澡》，等等。他也已经知道接受《读书》杂志文章和新书信息的引导，去选书、买书和谈论书。他喜欢三联版的书，开始搜集"文化生活译丛""新知文库"和"现代西方学术文库"，也零星买了几种黄裳、唐弢等人的书话集。越读书越觉得这座小城是待不下去了。他觉得莫名的孤单。这些天来他和他的一位同班同学正策划去海南看看。听说那里建了省，成了大特区，要建自由岛。他总想找人说话，可是也想不出找谁说，也说不好究竟要说什么。突然，他的眼神就停在了这期《读书》"编后絮语"开头那句话上：

朋友相处，有一种境界是"相见亦无事，不来常思君"。

他也无心再往下看，只反复琢磨引号里的这十个字："相见亦无事，不来常思君"。

好不容易回过神来，很快又读到结尾一段：

《读书》绝不一味消极地淡泊和超脱，它密切关怀文化的命运和现状。但是，它显然要有更多对文化的"终极的关怀"，使自己更加具有深度——一种明白晓畅而非深奥费解的深度。

是啊是啊，做人也一样啊。要明白晓畅的深度，不要深奥费解的深度。"相见亦无事，不来常思君"，多么明白晓畅。还有窗外隐约传来的齐秦的歌《外面的世界》，"外面的世界很精彩，外面的世界很无奈"，初听明白晓畅，听进去，也觉深奥费解……

1995 年 9 月 3 日

《深圳商报》的"文化广场"周刊这一天创刊。时间过得真快，都二十四年了。

从第一期起，作为创刊主编，我努力每期写一篇"编读札记"，而且要写成"美文"的样子，而不是普普通通"编者的话"。其实，心里的标准，就是写成沈昌文"编后絮语"的样子，写成董桥《明报月刊》卷首语的样子。那时我还不认识沈昌文，也不认识董桥。

写了没几期，无锡一位王先生看出了点奥妙，于是给《出版广角》写文章，推荐我的"编读札记"，题为《编辑的美文》。他文中就提到《读书》的编后絮语。我有人海中巧遇知音的欣喜，也有"小把戏"给人看穿的惭愧。

无独有偶，"文化广场"周刊的定位和风格惹来了一种批评，说是太像《读书》了。我一时诚惶诚恐，高呼"这个夸奖不敢当啊不敢当"。

2016 年 7 月，奉李辉之命，我把那几年的"编读札记"编成一本集子，起名为《好在共一城风雨》，加入到"副刊文丛"中印了出来。我在自序中再次认真交代了书中文字的来龙去脉：

　　本书所收文字，皆是上世纪九十年代我任深圳商报《文化广场》主编时写的"编读札记"。当时年轻气盛，不肯默默无闻为他人做嫁衣，逼着自己学董桥学沈昌文，笔下一心想练出几篇"编辑的美文"来。光阴易过。二十年后，重编重读，顿觉当年虽壮志差可凌云，未免也多情复多事。部分篇目修修改改后曾编入广东人民版《微尘与暗香》中，这次结集，全复旧貌，以存其真，以曝其傻。……彼时的大众传播还没网络什么事，报纸兴旺，副刊风光，编辑常常呼风唤雨，作者往往一纸风行。既打出"共同的园地，不同的声音"之旗号，"广场"上人多嘴杂，各显神通，你可兴风作浪，他亦拨云弄雨，吵吵嚷嚷，果然热闹。谈文化，谈城市，谈城市文化，谈文化城市，许许多多现在人们还喋喋不休的话题那时我们都谈过了，许许多多当时一起读书喝酒衡文论艺的诗友如今倒成了风雨故人。那样的岁月真好啊！

1992 年 5 月 11 日

　　"学董桥学沈昌文"？是的，除了沈公，还有董桥。

二十世纪八十年代董桥编《明报月刊》八年，其间每期卷首都写"编者的话"，且写得更独特，更多姿，更具人文情怀、文化品位和文学品质。"编者文字"的传统尺子早已经无法丈量"董家文字园林"。他的此类文章，三联版《乡愁的理念》和《这一代的事》收了很多。而这两本小册子能在北京三联出版，沈公又是主其事者。

二十多年后沈公在给我的《非日记》写序时，将当年董桥等香港作家北上的"路线图"都勾勒了出来。他写道：

上世纪八十年代初，我因出版傅雷著作第一次去香港，得以结识这位文化界名人（指罗孚）。不久，我在北京忽被委以重任：筹备恢复三联书店。三联书店当年被凌迟处死、名存实亡近三十年，现在忽然要恢复，谈何容易。上面给了我三十万元资金，实在不够用。我知道，生活、读书、新知三家书店当年最早是在香港合而为一的。现在，因为北京的崇高地位，三十来年后复出的小小的北京的三联书店居然成为"总店"，香港的反而成了"分店"。于是，我这总店的头子多次得以拜访香港分店，十分显赫。可惜，那时已经见不到罗孚先生了——他被判刑十年，在内地坐牢。但是，有一次我在北京意外见到他，他说，那个"罗孚"还在坐牢，他现在名叫"史林安"，是个自由作家。我大喜过望，不管三七二十一，请史先生在《读书》杂志开一专栏。他用"柳苏"为名，专门为文评介海内外文事。第一篇是《你一定要看董桥》，一炮而红。从这以后，我一再去中关村罗孚的"牢房"拜见"史林安"先生，请他为我筹划出版香港和内地作家的作品。第一本当然是董桥的大作，以后源源不断。他为我张罗的篇幅最大的书是金庸的武侠小说全集。我请他写了介绍信，专门去香港拜访金庸先生，自然一谈而成。

我至今记得 1989 年 4 月在《读书》杂志上读柳苏《你一定要看董桥》时的明亮感。对，明亮！感觉头顶有片乌云顿时消散，心中每一篇蠢蠢欲动的文字忽然都充满生机，似乎还没问世就有了茁壮成长的未来。董桥竟然这样写文章？中文原来还可以组合出这番面貌？他竟然认为钱锺书的文字太"油"！他说好的翻译是男欢女爱，坏的翻译是同床异梦。他说中年是下午茶，"是只会感慨不会感动的年龄"，"是杂念越想越长，文章越写越短的年龄"……读柳苏这篇文章，我的眼睛和嘴巴一会儿张开忘了合上，一会儿合上忘了张开，各种念头，此起彼伏。最终才发现一阵乱读瞎忙，忘了重点：董桥的书呢？去哪里买？

《乡愁的理念》1991 年 5 月出版，沈公的"引董入京"初战告捷，我却是一年之后才买到书，个中奥妙至今不解。前几年我拿这本小册子找董先生签名。他仔细看了我买此书的日期，是 1992 年 5 月 11 日，又见我那日还在书名页写了几句话："多次寻董桥书不得。是日去导师家修改论文，比预定时间早半小时到目的地，便趁机先去书店，心想也许能见董书。果然。"于是援笔题道：

　　洪侠，我们是老朋友了，一九九二年认识的。董桥

若如此算，我又是哪年认识沈公的？愚钝如我，很晚很晚才知道《读书》杂志的"编后絮语"原来是沈公所写，很长一段时间《读书》的执行主编也是沈公；也是很晚才弄明白，董桥金庸蔡志忠的书，原来都是沈公主政三联时引进的。

2003 年 7 月 19 日

我 1994 年就认识了上海的陈子善和陆灏。陈子善和陆灏早就认识沈昌文。1996 年开始，俞晓群就已开始"搭台"让沈公、陆灏他们唱戏了，我却久久没有机会和沈公与晓群相识。2002 年总算见了沈公一面，而要见晓群一面，还需再等九年。想起来这也是怪事一桩。

2003 年 3 月 15 日，《深圳商报》"文化广场"周刊复刊，起初每周八大版，规模大胜从前。复刊号的"封面专题"做的是昆德拉，之后陆续又组织了桑塔格、赫拉巴尔、残雪、奥威尔、程抱一、刘家科、陈子善、杨争光、陈思和、哈耶克、《我们仨》等专题。到了 7 月，"非典"也闹得差不多了，我说，该派人采访沈昌文了。2003 年 7 月 19 日，复刊后第 18 期"文化广场"面世，"封面专题"是"阁楼上的沈昌文"。除去一、二版的边栏，我把三个大版面全给了沈公，每个版主稿的标题也都由我操刀。北京的方绪晓（绿茶）去采访了沈公，一篇有侧记有问答的专访稿为此专题奠定了大局。那时《阁楼人语》尚未出版，可是我们已经拿到了沈公专为此书写的后记。

据我所知，就是这次接受绿茶专访时，沈公首次系统讲述了他的编辑"二十字诀"。

绿茶问：您当编辑一辈子，有什么好的编辑经验能给我们说说吗？

沈公立刻眉飞色舞起来："经过这么些年的积累和探索，我总结出来二十个字。"然后他就做检讨般流利地说出一串："吃喝玩乐，谈情说爱，贪污盗窃，出卖情报，坐以待币。"

绿茶听至此，一时语塞，不知如何应对，心想老头真这样都该抓起来了。

沈公捂嘴而乐，一脸坏笑：听我慢慢给你解释——

先说"吃喝玩乐"。我现在可算是个美食家啦。老要请作者吃饭，老要研究如何请才能讨得作者的欢心。我们不能张口就要别人的学术研究，或者和人讨论学术问题。我一般会说，最近某某饭馆的菜不错呀！老兄我们聚一聚吧。我喜欢这种以个人身份请人吃饭。

"谈情说爱"就是指编辑要"有情有爱"地跟作者建立很好的关系。有了"谈情说爱"，编辑跟作者就有了广泛的情感上的交往、知识上的交往，然后，一定能从作者身上组到最好的稿子。很多好选题都是这么发现。你不跟作者"谈情说爱",怎么能听得懂专家讲话?怎么会发现选题线索?

有了和作者在"吃喝玩乐"的时候"谈情说爱",就能从作者身上"贪污盗窃"到他的最新研究成果,挖掘他们的无形资产。像钱理群先生,每次吃完饭,他会拉着你谈他最新的成果,你从中能探听出他的研究新成果,然后就可以定出版计划了。

最后两点,是针对自己说的。我多年"贪污盗窃"惯了,一点儿孤独不了。老想着把自己掌握的情报利用起来,出卖给一些同行们,也因此满足了我"吃喝玩乐"的习性。我四处帮闲,不一样的是我现在不用负什么责任。

"坐以待币"就是说我不能陪着钱帮闲,用我的单位需要给我报销应有的费用。

当初稿子上版,女编辑们读至此都哈哈大笑,极力称赞沈公"好玩儿",又说"沈公来我们这里当主编就好了"。我盯着她们问:"你们什么意思啊?"

"别紧张啊领导,没什么别的意思。"她们挥舞着大样儿边走边说,"我们的意思就是,希望领导向沈公学习,多吃喝玩乐,多谈情说爱。"

1996 年 6 月 15 日

　　且说沈公"吃喝玩乐","谈情说爱",去过全国很多地方,知道很多重要的人与事。不过,他不会知道,二十多年前,深圳曾经有过这样一个聚会。当年我也不知道。

　　1996 年的时候,深圳的读书人还是很愿意"发声"的。他们知道自己栖息的城市是"经济特区",心里却还是放不下"文化",脑子里还装着不少他们熟悉的北方"文化符号"。深圳大学的一位老师提议说,6 月 15 日下午,咱们谈谈《读书》杂志吧,《读书》换了帅,我们应该怎么看?教学楼小会议室里讨论一番可也!

　　那天下午,突然有风有雨,大家还是陆续到了。据目击者后来回忆,先是一位程老师说,1979 年,接触到《读书》,觉得生活打开了一个新窗口,非常新鲜。张老师、徐老师等几位都同意,大家说《读书》是读书人召唤出来的,众多作者是这个多难民族中的智者;《读书》又召唤出了整整一代新的读书人。

　　贺先生说,读高中时我知道有《读书》这么一本好杂志,1982 年去北京读大学就跟着《读书》乱翻书,开始精神修炼。有《读书》这样宽容和明慧的灯塔引导，自己才不至于矫情入里，灼伤自己。他说，沈昌文先生上个月刚刚卸任，汪晖先生接手，该有另一番气象吧。

大家开始讨论：目前有没有能够取代《读书》杂志的呢？有人开始说出一些杂志的名字，《二十一世纪》《原道》《东方》，等等。王先生说，《东方》也许会取代《读书》成为学界的旗帜。

贺先生不同意。"对我这样的平民子弟来说，我依然挚爱《读书》。"他说，"《读书》的闲适取向、贵族风格虽然会伤及平民学人的脾胃，但她那一份高明与精神实在难以取代。"

海归博士阮先生把话题引向了"话语权"：《读书》以润物无声的方式浸润中国读书届十几年，已握有强势"话语权"，《东方》一复刊也先声夺人，可是这都是"京派色彩"的论坛。全国学术文化擂台上有深圳的选手吗？深圳的学人和刊物在哪里？

是啊是啊，大家说，在深圳能办《读书》这样的杂志吗？深圳若有可能办类似杂志，可以少一些或没有"贵族"味，但一定要有同样的宽容、博大与精深。

诸位正说到兴头上，贺先生的一盆凉水伴着窗外的暴雨泼了过来：

"我来到深圳快一年了，至今仍不知何处可购得《读书》。在北京时养成的每月15号去邮局等候《读书》的习惯，只好戒绝了。"

二十多年后我才知道深圳有过这样一个聚会。与会的几位我也熟悉，如今他们各奔东西，天南海北，若今朝再凑一起，会如何消化当年他们制造的话题？

说起当年在深圳买《读书》，谁又没有一番独特体验？ 1992年张冠生离开深圳，回北京做费孝通先生的学术助理。从此，每月上旬，我和姜威等总能收到他从北京寄来的《读书》，如此往复，一寄就是三四年。后来深圳卖《读书》杂志的报刊亭渐渐多了，我们才恳求他万万不必再为此劳心费力。

此刻我想说的是，读《读书》者，各美其美，而深圳这帮人，他们听沈公那番"无能无为、不三不四"的高论，心里只当沈公是"故作轻松"，他们自己心里反而一点都不轻松。他们把沈公和杂志命运、《读书》和城市文化、杂志和学术话语权绑在一起考虑。沈公与《读书》杂志，通过他们创造的读者，进入过多少书房、酒桌、会议室与城市街道，渐渐的，引领时代之后隐入时代，书写历史之后凝成历史。这是多大一件事！沈公貌似嬉皮笑脸传授"二十字诀"时，心里难道不明白这一点？只可惜很多听者至今也不明白。他们只以为沈公传授的是"技艺"，总结得很好玩儿。

其实，在深圳办一份以《读书》为榜样的杂志我也试过了。当然，以失败告终。我很少对人讲此事，觉得实在汗颜。2002年，网络论坛如火如荼，我忽然兴起念头，要在一个论坛写"非日记"。我不知道沈公当时已是资深潜水员，我甚至还不知道"潜水员"用在虚拟世界是什么意思。"非日记"写到第八篇时，我想起很多办杂志的事，想起1999年我和姜威接手《风尚》时，二人是何等踌躇满志，全不知杂志世界的天高地厚。那天我把自己为新一期《风尚》写的发刊词读了又读，尤其是其中引述的陈原先生的一段话：

办杂志，办一个讲真话的杂志，办一个不讲"官话"的杂志。开垦一个破除迷信、破除偶像崇拜，有着"独立之人格"和"自由之思想"的园地。不讲大话、空话、套话、废话；不崇尚豪言壮语，不夸夸其谈，不随风倒，也不凑热闹，保持冷静客观头脑，独立思考。不把自己装扮成为人师表那样的道貌岸然，自然，朴素、平等，完全可以发表不同意见，但是拒绝棍子！

我于是在"发刊词"中高呼：

说得真好，但做起来也真难。我们不是办《读书》一类杂志，但自以为《读书》的风骨、神韵还是应该有的。确定本刊方针及定位时，我们曾说过如下的话：

"风尚"是一本反时尚的时尚杂志，强调批评的文化杂志，面向生活的休闲读物；

"风尚"不做导师，不当牧师，只求做一个宽宏大量、善解人意的朋友；

"风尚"希望雅人在这里说一些俗事，关注一下身边的日常生活；学者在这里展现人文情怀，大胆输出自己的见解；各方高人在这里聊聊天，深深浅浅的都可以说，说点"风花雪月""吃喝玩乐"也没什么不可以，但就是不要摆出开"座谈会""研讨会""报告会"的架子。

"风尚"亦庄亦谐，亦轻亦重；长短兼容，中西并包；新旧皆宜，图文互动。一句话：只要好，那就好。

呵呵。如今再读这些话，也只能"呵呵"了。

且说杂志只办了一期，作者稿费也没能如约奉上。多少年之后，红遍天下的易中天先生来深圳讲演，"文化广场"记者要去采访，问我有何话交代。我说："问候易老师吧。就说我特致歉意。当年《风尚》杂志还欠他八百元稿费呢。"晚上记者回来复命，说："易老师说了——告诉你们胡大侠，当年说好的稿费不是八百，是一千！"

2007 年 11 月 8 日

深圳一直未能出现一份在中国思想文化界独树一帜的读书杂志，这个责任当然不能由沈公来承担，但也不能说和他一点关系没有。谁让他总是盘踞北京呢？深圳的读书人若要在书刊行业求学问道，还得跑到北京去找他，而且，还未必能找到。他总是往上海跑，往沈阳跑，往郑州跑，为什么就不能常常来深圳呢？当年在《读书》退休后，他若能毅然南下深圳，带几个徒弟（比如我），面授"二十字诀"秘籍之余，毅然振臂一呼，哗啦啦竖起大旗，扎下营盘，招降纳叛，招财进宝，挟《读书》之余威，集特区之资财，引香港之活水，借台北之东风，何愁深圳读书杂志大业不成？教训深刻啊，沈公！

更忍无可忍者，一直到 2007 年，我竟然还没有机会在深圳接待沈公，当面聆听各路教诲。眼看深圳的小报们也等不及了，老记小编们想：既然在深圳采访不到沈公，那就找人去北京搜集点八卦吧。2004年的5月份，某小报上登出一篇《生错了年代的沈公》，说这老沈，平时背着双肩背包，胸口挂着U盘和MP3，耳朵里听着王菲，踩着单车满北京城跑，落了个"不良老年"的雅号。又说这人活着啊，有一种悲剧是心还没老身体先老了，还有一种是身体没有老心却老了，沈公却是心没老身也没老，别人却说他老了。又说，某次沈公兴之所至，聊起了他和初恋女友不得不说的故事，因为与他签有"保密协定"，所以不便公开云云。

真是有些乱啊！这报纸约稿子编稿子，都没有个前后照应。5月份的文章说"不便公开"，岂不知他们报纸四个月前已经登过记者专访沈公的稿子，那时沈公早已一五一十讲过自己的初恋了，哪里还用得着"保密协定"？关于初恋，沈公如是说——

当了秘书之后，我和社里的一位女士谈朋友。她生性倔强，喜欢艺术，看重灵魂中的美和不美，她认为一个男孩子，如果参加了政治运动，就是不美了。我现在对她这种思想的来源，也没有弄清楚，也许是自幼丧母，却又聪明敏感，自学画画，身体又不好，总带着些病态，后来调去做了美编。她设计的封面好像也带着这些病态美。"反右"的时候，我参加活动不多，但有次是不得不参加的。党支部反对我交她这样消极的女朋友，所以我再三要求她参加。她勉强同意了，但是提出条件，她必须保持中立。我在会上发表了批判"右派"的讲话，她事后对我说，我爱你是因为你的内心美，而我发现你批判别人时候的灵魂是最丑陋的。但她说这样的话，爱情的因素多过批评的因素。

当时不参加阶级斗争，和单位及革命青年就有矛盾。她的性格越来越阴郁，而我却越来越受到重用。1958年她受到了一个沉重的打击，单位给了她一个通知，要求她"退职"，就是辞退了她。她没有了生活来源，身体又特别不好。虽然我要她放心养病，说无论如何都会保障她的生活，但她性格太倔强，也不让我去看她。后来竟然郁郁而终。她对我这么好，她是对我最好的一位女士……我却……我的所作所为，在名义上是对的、道德的，实际上……在爱情方面，我不懂怎样才讲得很深刻……就不提了吧。

转眼到了2007年，沈公的故事报纸上讲了一遍又一遍，他的新书《阁楼人语》已经在深圳各大书城卖成了旧书，他的口述实录原稿未删节本也早已经姜威制作成"非卖本"在朋友间私相流传了，可是，他还是没有在深圳露面。

这一年的 11 月 8 日，我决定不等了。坐着谈何如起来行？于是，找了个理由，写电邮力邀沈公南下：

沈公，您好！我是《深圳商报》"文化广场"的胡洪侠，呵呵，天涯书话网的 OK 先生。几年前曾和冠生兄一起在三联购书中心的咖啡厅见过您一面。之后不断见到您的新书，书心大慰。上海书店版您的一本书，还上了我们的月度好书榜。

这都是实情，不是忽悠。然而接着：

每年的 11 月，是深圳的读书月。今年我们策划了一个活动，评选 2007 年度十大好书。我想邀一位前辈和一帮朋友来深圳给我们捧捧场。前辈就是您老人家，朋友包括陈子善、陆灏、梁文道、小宝、止庵、刘苏里。目前其他人来深行程均已确定，我才敢邀您。今天六点多打电话，可惜您不在家。现郑重邀请沈公光临深圳。说是开会，其实就是朋友同道南国一聚，聊聊天，过去叫神仙会，现在叫什么就不清楚了。……您老人家的书现在深圳书城有几种，如果愿意，也可以和读者见见面，签售一番。一切都听您安排。

然后再交代来深圳的任务：

来深圳之前，我们会发给您一份候选书目，您只要在其中勾出自己认为的五十种好书即可。到开会时，我们会集中讨论每个人的推选书目，最后决出十大好书和二十种入围好书。不知沈公意下如何？希望得到您的回复，而且是肯定的回复。

两天之后，是星期六。晚上，沈公的答复来了：

来信收到，谢谢！我很想来深圳，见见老朋友，不过近来健康情况不佳，无法远行，不克前往，为歉！

2008 年 9 月 29 日

沈昌文，一个如此热爱书籍的出版家。

深圳，一个如此热爱阅读的城市。

此二者的相遇与知遇虽然迟了些，但让二者不相遇、不相知也是不可能的事。

2008年9月29日下午，深圳百花路的物质生活书吧，迎来了沈昌文和"知道分子说《知道》"新书签售会。

沈公终于出了新书，叫《知道》，由他口述，张冠生整理。出了新书当然就要到处做活动，对此自称"书商"的沈公比谁都擅长。深圳不仅是"全民阅读大本营"，各大书城的新书销量也十分可观。所以，冠生陪沈公来深圳推销自己的新书显得顺理成章，一点不让人意外。

最让人意外的是：那几天我竟然不在深圳。为深圳"申都"事，我去了美国南部一座名叫圣达菲的城市。

据说，沈公那天的讲座，读者很踊跃，问答很热烈。深圳人终于可以当面向传说中的沈昌文请教读书问题。大家争着问："沈公，您平时读什么书？"

沈公的回答自然是"沈式幽默"："我是一个整天读却又不怎么读书的人，我并不是知识分子，而是一名知道分子。"

我猜那一刻现场很多人应该可以默默诵出"二十

字诀"吧——吃喝玩乐，谈情说爱，贪污盗窃，出卖情报，坐以待币。

据说，那天沈公应读者要求又把自己五十多年来在出版界的见闻与成长口述一遍，史实偶尔沉重，语气常常轻松，忽而一本正经，忽而童心四射。其中细节，还要等冠生日记整理出来方可弥补。

在与城市的交往史上，2008年应该称得上是沈公的"深圳年"。首先，他的《知道》一书入选了2008年深圳读书月年度十大好书。在此之前，没有哪座城市曾经给过他的书如此荣耀。

说起此事，还有一插曲。11月26日下午，我继续主持十大好书评选。十三位终身评委已然唇枪舌剑争了一天半，如今迎来水落石出的时刻。最后一轮投票即将开始，二十本参与终选投票的书目千挑万选，终于艰难产生。可是，大家突然发现，沈昌文的《知道》一书赫然进入决选书目，整理者张冠生却身担终审评委之职。为公平公正起见，张冠生必须循例回避，让出投票表决权，独自在围观席上"隔岸观火"。十三评委立刻变成十二人，大家又发现问题了：评委数量为偶数，票数相等时如何抉择？于是众评委吵嚷半天后提议：终审评委增补一人。增补谁呢？不知谁灵机一动，高喊：胡洪侠！你暂时别当主持人了，当"临时评委"！大家哄然同意，拍手拍桌通过。

2008年，沈公还应邀加入了我们的"30年30本书"计划，为深圳读书人呈上一份他自己的"改革开放30年30本书"书单。但沈公毕竟是沈公，凡事喜欢按自己的思路玩，不愿意让别人牵着走。我们记者说，按活动要求您需要推荐三十年间自己认为的好书。他说，我很少给人家推荐书；就是推荐，也是推荐我自己经手的书，像"拣金（金庸）"啊、"卖蔡（蔡志忠）"啊、《宽容》啊、《情爱论》啊之类的。我们说，那您得推荐三十本。他说，哪有那么多，十八本就够了。

下面是沈公贡献给深圳读书月"30年30本书"活动的"私家书单"：

1.《围城》（修订本），钱锺书著，人民文学出版社1980年版

2.《傅雷家书》，三联书店1981年初版

3.《古拉格群岛》，索尔仁尼琴著，田大畏等译，群众出版社1982年版

4.《第三次浪潮》，阿尔温·托夫勒著，朱志焱等译，三联书店1983年版

5.《情爱论》，基·瓦西列夫著，赵永穆等译，三联书店1984年出版

6.《宽容》，亨德里克·房龙著，迮卫等译，三联书店1985年9月第1版

7.《异端的权利》，斯·茨威格著，赵台安、赵振尧译，三联书店1986年版

8.《随想录》，巴金著，三联书店1987年初版

9.《洗澡》，杨绛著，三联书店1988年初版

10.《蔡志忠漫画》，三联书店1991年版

11.《这一代的事》（"读书文丛"），董桥著，三联书店1992年版

12.《爱默生集》（"美国文库"），吉欧·波尔泰编，赵一凡等译，三联书店1993年初版

13.《金庸全集》，三联书店1994年版

14.《我永远年轻：唐文标纪念集》，关博文编，三联书店1995年12月初版

15.《布哈林论稿》，郑异凡著，中央编译出版社1997年初版

16.《潜规则》，吴思著，云南人民出版社2001年1月

17.《辩论》（"新世纪万有文库"），詹姆斯·麦迪逊著，尹宣译，辽宁教育出版社2003年第1版

18.《民主社会主义论》，殷叙彝著，中央编译出版社 2007 年版

荐书十八种，三联版高达十二种，占比为 66.6667%。原来，"举贤不避亲"之类的话，就是给沈公这类大智大勇的人准备的。有什么办法呢？我们谈论上个世纪八十年代、九十年代中国的出版物，怎么可能绕开北京三联出版的书呢？

沈公推荐这些书时，已经从三联总经理位子上退休十好几年了。对自己经手的那些刷新过大时代知识面貌与格局的书，他依然念念不忘。我们让他推荐"30 年30 本书"，他亮出的书目堪称一份他自己的做书成绩单。数十年间，出版人多矣，有几人能有这样的底气、资本与骄傲？

2011 年，深圳读书月又要决选"致敬中国年度出版人"。评委一致同意：今年，我们向沈昌文致敬！

2015 年 9 月 27 日

晚上七时许，沈昌文先生八十五岁生日宴在一片欢声笑语中开张。简直是太欢声笑语了，我都无法维持出

一个安静场子让俞晓群宣布生日宴开幕。

是在深圳，时为中秋，恰逢沈公生日刚过（才仅仅过了二十几小时），我们以给沈公庆生的名义（其实也如此），在距中心书城几百米之遥的一家淮扬风味酒楼摆下了夜宴。最大的那间厅房里，安一张大大的圆桌，椅座环绕，挤来挤去，点点算算，宾客们还是需要左躲右闪才能坐得下。

沈公安坐主位，左顾右盼，不住点头，一直微笑。

沈公女儿沈一，紧挨沈公坐下，奉母亲之命，用女儿之权，以照顾父亲饮食之名，行监督沈公喝酒之实，确保深圳之行一路平安。

特地从北京、上海、台北、杭州、东莞赶来的师友们，深圳本地的朋友们，待沈公坐稳之后，乱哄哄纷纷落座。他们是：陈子善、俞晓群、吴兴文、王志毅、沈胜衣、梁由之、李忠孝、朱立利、周青丰、陈新建、夏和顺……当然，还有我。

刚进 2015 年门槛，借北京图书订货会之机，晓群大哥和我就开始策划，说今年秋天要在深圳给沈公过生日。大家分头筹备，如今终于在月圆之夜，众师友相聚在沈公生日宴的烛光之中。

大家开始敬酒。

陈子善起身敬酒，祝沈公生日快乐。他们二位酒杯一碰，大家立刻想起，下午的书城新书分享会现场沈公如何开子善老师的玩笑。沈公在上海长大，自然喜欢读张爱玲、胡兰成的书。"我老了，记忆力不行了。"沈公说，"前不久读一本子善先生编的张爱玲的书，有人指着一幅照片问是谁，我看了半天说是胡兰成。那人说不对，这明明是陈子善，你怎么能说是胡兰成呢？我又仔细看了看，发现那照片上的先生确实是陈子善，所以我有点对不起陈子善，这么多年的老朋友居然错认为胡兰成……"沈公在那里一本正经，娓娓道来，台上台下早笑成一片。

　　俞晓群起身敬酒，祝沈公生日快乐。他此刻特地又改口，不称"沈公"称"师父"。二人结交二十年，在中国出版界弄出多少大动静："书趣文丛"、"新世纪万有文库"、《万象》杂志、"海豚文库"，等等。和晓群大哥聊中国出版，不出三句，就会出现"沈昌文"，再聊两句，一定出现"王云五"。沈公曾说他退休后的二十年是他的"黄金二十年"，其间几乎所有出版大手笔，都由俞晓群呼朋唤友，鼎力合作，联袂完成。晓群称沈公为"师父"，沈公戏称晓群是他的"大BOSS"，局外人完全不懂他二人究竟是何关系。

吴兴文起身敬酒，祝沈公生日快乐。说起吴兴文，沈公滔滔不绝，一堆故事；反之亦如是。下午在中心书城，当着几百位深圳书友的面，沈公又讲起了他和吴兴文的"段子"："当年听说吴兴文对一种票很有兴趣，起初我以为是钞票，谁帮我赚钞票我就很高兴。我就想，他是不是要给我'票'？后来我等了很久，我的天啊，他给我的竟然是藏书票！我才知道竟然有人对文化艺术品比对钞票还感兴趣，这让我产生了敬仰之情……"吴兴文也大讲一通二十年前他如何经常去沈公办公室"搜刮"签名本，听得我们又羡又恨。

该我起身敬酒了。那时我还没有戒酒，满满斟上一大杯，祝沈公生日快乐。我一饮而尽，晓群大哥还批评我喝得太少。当然当然，今晚我有太多理由多多敬酒。我是东道主，策划已久的沈公生日宴终于实现，干杯干杯。我也自认是沈公未经拜师的"徒弟"，上个世纪八九十年代拿到新一期《读书》后，细细研读"编后絮语"是我必做的功课。干杯干杯。我更是沈公引领出版风尚的受益者，尤其他和罗孚先生联合将董桥散文引进到内地，让我至今受惠无穷。干杯干杯。尤其应该痛饮致敬者，是 2015 年 4 月沈公竟然应我所求给我的《非日记》写了序。他在序中透露了当年得罗孚先生之助引进董桥和金庸著作的内幕，鼓励我多关注港台文化，多多传递业内消息。最后一段他说他很遗憾"胡大兄没有如同罗老当年那样'有幸'在北京'坐牢'十年，让我可以常去'牢房'探视他"。又说："我现在同胡大兄彼此暌违两地，难以经常见面畅谈。但能读到他的'非日记'，同这位大兄一起享受书情书色的愉悦，亦为快哉！"我又倒满一杯酒，走到沈公面前说："沈公啊，您的遗憾可能真得继续是遗憾了。我到现在也没想出办法能像罗孚先生那样在北京'坐牢'十年啊。我真是笨啊，连这事也办不成我先干为敬吧！"

各位师友一一敬酒，沈公频频起立坐下，又高兴又辛苦，程序未过半，他每餐最多啤酒一瓶的指标已经用完了。他手持空杯，无可奈何，不再指望能够抢到眼前转来转去的啤酒。纷乱之中，他趁沈一和人聊天，悄悄起身，沿酒桌绕了个大圈子，然后迅速冲向远处服务员工作的吧台。待女儿杀到身边，他已给自己满满倒上一大杯。他一边说"没事没事"，一边踏上通往自己座位的归程，途中还得意地和座中年轻人碰杯致意。

灯光忽然变暗。一辆小推车自走廊深处慢慢游移过来。车上赫然满载花团锦簇之生日蛋糕，蛋糕上插满点亮的蜡烛。烛光摇曳，愈来愈明亮，大家纷纷起身，拍手相和，高唱《生日歌》。沈公玩兴又起，兴致勃勃，将一顶纸制彩色王冠顶在头上，满脸通红，双目含笑，先向大家一一作揖致意，然后以摧枯拉朽之势将所有蜡烛尽数扫灭。

此刻窗外圆月高悬，有一盏盏孔明灯冉冉升起。

和沈公一起虚度时光

徐淑卿

许多人都听说过海明威这段话："如果你有幸年轻时待过巴黎，那么未来不管你身在何处，巴黎将永远跟着你，因为巴黎是一席流动的飨宴。"

不需要到过巴黎，只要认识沈公，生命就会是一席流动的飨宴。2002年我加入大块文化，在春暖花开的3月24日从台湾到北京（正好与沈公初次赴京同月同日），那时北京办公室已经有沈公、于奇、沈帆、进生几位了。虽然过了十七年，但第一晚的景况我仍历历在目，因为这是我首次见识沈公对美食的热情。还没有跟沈公学习任何编辑本事，却先品尝了沈公指导下的剁椒鱼头。其实这只是办公室胡同口的一家小馆子，但沈公相当自豪他调教有方，所以厨子也日益精进。那一天揭开了往后数年追随沈公大宴小酌的序幕，也自然养成跟沈公吃饭必先奉上一瓶普京（普通燕京）的习惯。

许久以后，于奇跟我分享了沈公早年曾有一个小小的梦想，也就是走进任何一家馆子都可以丰简随意，不用担心阮囊羞涩。这件事经常萦绕我心，每次听说沈公骑着自行车开发各式小馆子，我总想象这是一种堪慰余生的快意，一瓶酒几碟小菜，人生沧桑笑谈尽，回首来时，这样的生活也不错啊。

美食和编辑工作算是天作之合，这在沈公身上尤其完美结合。沈公经常说他是身体力行叶圣陶的编辑之道，交结作者、讨论选题、邀稿不妨都在杯觥交错、谈笑风生间从容完成。除了遵循叶圣陶的编辑雅趣外，他也经常推崇"闲话一句"的交易之道，这是当年老上海生意人的潇洒豁达，如今消失殆尽，所以遇到台湾联经出版公司的刘国瑞先生，发觉他言谈间仍有当年"闲话一句"的海上遗风，沈公觉得特别对味，称许之意，言之几有数十回吧。

当年跟着沈公赴宴无数，已然觉得是穿梭在当代的文化史中，但直到现在，才完全明白这是多大的福分。尤其许多人年事已高，能够亲眼看见他们，聆听他们说话，真的是极为幸运的事情。

八八沈公

记得一回沈公宴请丁聪、沈峻夫妇。我见了丁先生，非常兴奋地说，我才刚在宋庆龄故居看过你的照片。丁先生微笑伸出手指比了一下说，和宋庆龄合照时，我才十九岁。

一次忘了是沈公还是于奇邀约阿城到办公室小坐，阿城说了两个小故事我记忆至今。一个是早年钟鼓楼还会报时的时候，远处居民即使听不见声音，只要感觉到桌上的碗在摇晃，就知道又在敲钟击鼓了。还有，长安街附近本有一片森林，但有一年把森林给砍倒夷平了，那年北京夏天炎热异常，大家想是怎么回事呢？后来才想起，可能是少了这片树林，失去了调节温度的作用吧。

说来也许玄虚。1990年我第一次到北京，而后几年间我做了几回跟北京相关的梦，通常是骑一辆自行车，有时是经过一个庙会，有时则是子夜从午门直驱紫禁城，后来迷失在宫里，发现有一片碑林。也因此当我2002年到北京，也是骑了一辆自行车四处晃荡时，经常有今夕何夕之感，仿佛前生和北京余缘未了。我和同事沈帆说了这些旧事，她说她也曾经梦见一个旧的戏楼，后来到了恭王府花园，发现梦里的戏楼跟恭王府的戏楼一模一样。她和我说这件事时，我们正在恭王府的花园游历，前世今生，在这有太多历史、太多故事的城市里，我们似乎是历万劫而来的老灵魂，走在曾经熟悉的故土。只是这种熟悉到底是真有累世记忆，还是作为一个历史学徒，已经把阅读而来的北京故事当成自己记忆的一部分，已经无法究明了。

现在过了十几年，回想当年跟着沈公在各种餐叙中忝列末席，听许多原先只能从书上看到名字的学者、作家、名编在眼前高谈阔论，言笑晏晏，种种回忆、种种情景，也如同是烟云京华的恍惚梦境在眼前闪逝。

或许，人生弥足珍贵的事物，都是已成过去才会察觉。和沈公的相处也是如此。自从移居南方，近九年来只见过沈公一次，但常想起他老人家和当年办公室的朋友们。比如，沈公经常到处买书，有时他非常欣喜拿出一沓书来，问我们要不要，我们有时见猎欣喜，有时则脱略份际地直接表示没有兴趣。沈帆还画过沈公一张小画，上书"废纸我买"，沈公非但不以为忤，还开心地当作自己的名片。

有一回沈公极力怂恿我们中午到某处新开的馆子用餐，因为他非常欣赏小馆的名字"风骚鱼头"。沈公觉得鱼头以风骚形容颇有奇趣，我则是再三问他，到底这馆子是真的好吃，还是名字好玩，所以非要我们去啊？

沈公笑而不语。而我记得我的担忧没错，当时众人觉得甚是一般。

开始写这篇祝贺沈公八十八岁大寿的文字前，突如其来地想到"和沈公一起虚度时光"的标题。说是"虚度"，不是白费也不是虚掷，而是感觉人生在轻与重之间，大事与小事之间，实线与虚线之间，日常与戏剧性之间，有些留白的闲适的时光，当时只道是寻常，反而是日后感觉收获最多、最为怀念的时刻。

我不知道"举重若轻"，是不是可以恰当地形容沈公。我一直觉得，在经常开玩笑也不时自嘲，喜欢张罗饭局认识各路人马的表象之下，沈公是个从未放松过要求自己勉力前行的人。记得出版同业吴兴文曾跟我说过一件事。他当年初识沈公时，沈公仍任三联书店总经理，晚上一起吃饭，沈公滴酒不沾，这跟我认识的每饭必来一瓶啤酒的沈公完全不同。我似乎没问过沈公是否属实，可能我心里相信这是真的，因为我听说过另外一件事，沈公原先有严重的白内障，也是直到退休后，才去动了手术。是不是"退休"在沈公心里是一个阶段的完成，在这阶段之前，他不允许自己有一点点的松懈，甚至连眼睛的小手术也不想大意呢？

但在实际与他的相处中，我怀疑老爷子根本没有退休这概念，而我也很少遇到比他更勤奋的人。当年七十多岁了还每日东奔西跑，到潘家园、书店、书摊，或者到这个那个办公室，他不时给我们带来新发现的书。有时我们需要邀稿或认识哪位作者，经常可以听见沈公在办公室里拿起电话说："某某，有件事我得求您了。"语气之客气，身段之谦和，待人之殷勤周到，以他在出版界的江湖地位，这种柔软反而更见力量。

前阵子到上海，在思南路行走时，想起沈公说过当学徒与在复兴公园学英语的往事。当然，也想起了他祖母要他不要忘记，自己是好人家子弟出身的事情。现在沈公即将迎来八十八岁大寿，不知道他是否觉得，自己的人生可以告慰祖母的叮嘱，不负此生了呢？而我则希望不久之后能去拜望他，找个好馆子，大家一起吃吃饭喝喝啤酒聊聊天，能再一次一起虚度时光。

老沈的"脏癖"

陆　灏

　　追随老沈三十年，学得本领无数。唯有他的"脏癖"，始终无法入门。

　　"脏癖"可能是老沈杜撰的词，他以前总说我有"洁癖"，于是很得意地说自己有"脏癖"。还说了一句名言：

　　　生活中的"洁癖"，就是政治上的"极左"。

　　很多熟悉老沈的人，都领教过他的"脏癖"，尤其是在餐桌上，他最为津津乐道那些恶形恶状的事情。小时候在宁波商店当学徒，每天早上，他要去臭菜缸里捞取臭菜梗和臭冬瓜，供店伙做早餐。那些菜梗上爬满了蛆虫，师母就把虫子一个个挑掉，挑一个，念一句"阿弥陀佛"，算是为这些蛆虫超度。这个场景几乎每次吃饭老沈都要讲，也好几次写到文章里。他说如是若干年，对臭物由厌恶到喜爱，直至后来不可一日无此君。

老沈来上海，我们尽量找宁波馆子或本帮菜馆，挑他爱吃的臭冬瓜、草头圈子、青鱼秃肺之类的菜，但他总嫌臭得不够、不带劲，而对草头圈子的评价，往往是它洗得太干净了。

老沈写过一篇文章介绍北京的小吃，写豆汁"是最典型的北京饮品，大凡在北京待过的文化人，即使远离多年，也无不挂念此物。而来京的外地人，一尝即吐，简直视为毒物。大约五六次，即嗜此不倦"；王致和的臭豆腐"可说是一切国产臭品中的最臭的食物。将窝窝头切片，烤热，涂以王致和臭豆腐后食用，则全地球臭品中之美者，莫过于此了"。他知道我绝对不吃这类东西，但以前我每次去北京，他都要绘声绘色地推荐那些脏不拉几的小店，专吃羊杂碎爆肚。

听到这些菜名，我唯恐躲之不及，绝对不会领教，唯一的例外是徽菜中的臭鳜鱼。那是九十年代老沈带我去北四环安徽驻京办的饭馆第一次品尝的，居然能接受。这几年去北京，几乎每次都会去南小街的徽商故里吃一次臭鳜鱼。

老沈跟我讲过一件事，某次北京一个出版家请台湾一位著名文化人吃饭，邀老沈作陪。席间，出版家觉得那盅海鲜汤不够新鲜，就找来餐厅经理交涉。双方争执半天，那经理指着老沈对出版家说："你看，这位先生已经把汤喝完了，说明这汤没问题。"把那出版家气得火冒三丈。

认识老沈的时候，他比现在的我大不了几岁，转眼就到米寿了。小时候听老辈人说过一句话："吃得邋遢，做得菩萨。"祝愿有"脏癖"的老沈再逐臭一万年。

细数京城小菜香

高 林

　　沈昌文先生是我的前辈，也是科班专业之外使我受教最多的师长，没有之一。

　　1986年3月的一个上午，我第一次到沈先生的办公室，那时他还在朝内大街166号办公。我是怀着朝圣之心去的，沈先生却毫无居高之意，甚至对我也没有长幼之节。聊了两个多小时，他讲了三联书店的过去和现在，讲了三联书店和《读书》联络的各路作者和朋友，他也对我说的校园情况和一些热门话题更感兴趣。使我略感意外的是，沈先生办公室里的东西只可以分为两类，一类和书有关，一类和吃有关。和吃有关的，除了食品、餐具之外，还有好几只锅。

　　回来后，我和罗孚先生说起这些，罗先生笑着说，海派的文人有许多都是这样，据说以前的三联前辈也有许多是这样，我在香港的办公室也是这样，这是报人出版人的一种生活方式。我当时没怎么理解这句话。之后不久，沈先生的办公室搬到了东四六条的一个半地下室，我在那里见到了王世襄先生。那时，香港三联书店刚刚出版了他的《明式家具研究》，但他和沈先生却大谈美食和烹饪，我记得有关杭州点心"片儿川"的十几种做法及其细微差别就说了很久，沈先生听得如痴如醉。我当时想，这种生活方式可能不仅仅在南方的文人当中。

但是，多年来，我却没有怎么听到过沈先生专题谈"吃"。有时候，沈先生也不怎么肯定"吃"。有一次他给我讲起吕叔湘先生，从中突然插了一段说，我们上海还有一位吕思勉先生，他几十年都不出来吃饭应酬，一心一意研究和著述，他生活淡泊、安步当车，非常令人敬佩。

随后的十年，我到沈先生那里去得很频繁，也渐渐熟悉了三联书店和《读书》及其周边，跟着沈先生参加过不少的"饭局"。在沈先生那里，我听到的几乎都是和"书"有关的事情，我知道了许多三联版图书和《读书》文章背后的故事，看到了编辑怎样对作品进行"再加工"和"深加工",特别是知道了编辑的思想怎样和作者交互,怎样体现到作品中去。这可以说是打开了我知识层次上的"另一扇窗"。

许多年来,沈先生更多的是打开了我心灵上的"另一扇窗"。他推荐我读了许多书,也给我讲过许多书背后的人和事。他听说我在读杨小凯的《经济控制论初步》,就给我讲了杨小凯的经历并给我看了这位作者的另一本书,还给我讲了许多有关《新湖南报》的人和事。在沈先生那里,我见到过舒芜先生,沈先生也曾多次推荐我读舒芜先生的书和散文,还送给我一本当时已经非常稀缺的《周作人概观》,并给我讲了这本书相关的故事。沈先生还给我讲过一些舒芜先生及其周边的人和事,使我意识到人性的复杂和特定历史环境的凶险。

大约是 1988 年末,沈先生给我看了一篇《读书》文章的校样,那是胡伟希写的《殷海光的心路历程》,我第一次知道了殷海光这位大师。不久,沈先生又送给我一本陈鼓应等编写的《春蚕吐丝》,他还告诉我,中国文化书院庞朴先生等人策划出版了殷海光的《中国文化的展望》,这本书讲的是中国特色的"某某主义",非常值得看。说到殷海光如何被"两蒋"迫害、剥夺教职等事情,沈先生叹息说,这样的事情并未远去,不时还会再来。有一次，我对沈先生说，殷海光曾自叹把过多的精力用在写时论文章，而没有写出更多大部头的学术著作。沈先生说，不然，学者写结合现实的普及文章作用更大，越是大学者，越会写这样的好文章。我最早知道顾准，也是沈先生讲给我的。在他那里，我看了许多顾准的文章和回忆评述顾准的文章，也听他讲了不少顾准的故事。沈先生讲过顾准早年在上海参与工商业改造的一些事情，多年后我读到和听到了更多有关这一段历史的记录，知道沈先生并没有为贤者讳。沈先生推荐给我读的书，多数都不是三联书店出版的，如钟叔河先生编的"凤凰丛书"，有很多是港台和海外的，有的是他想出而不能出的，如巫宁坤先生的 *A Single Tear*。

1996 年初，沈先生从三联书店彻底退休。我原以为，他一下子从忙碌的编务中撤出来，多少会有一点失落感。那时，沈先生积极推荐我读《百年潮》杂志，说那里面有不少正统阅读中读不到的东西，说起来有些动情，我隐约感到沈先生可能会到那里去主持编务。但他最终也没去。

那一年秋天，沈先生对我说，家有千金千般好啊，说他两个女儿，一个女儿给他做了白内障手术，另一个女儿带他到美国去了一趟，他现在又可以做一点事情了。我感觉他有点成竹在胸了。不久，我就看到沈先生开始主持自己的"工作室"，开始的时候，就在自己家楼下的小平房里。这里比起他原来的办公室堆了更多的书和"未成书"，虽然离家近，但还是有许多和"吃"有关的东西。他比以前更忙，但精神状态却越来越好。后来我才知道，这个"工作室"实际上是辽宁教育出版社的核心部门，沈先生的"后台老板"正是俞晓群。

多年以后，我感觉到，退休、做手术、去美国这一段时间似乎是沈先生出版事业的一个重要转折点，随后的几年应该是他事业的黄金时期。这个时候沈先生摆脱了体制的羁绊和人事的制约，真正开始按照自己的思路专心致志地来做自己想做的事情。前四十年的积淀，终于使他在此刻的这个平台走上了自己职业生涯的黄金时代。"书趣文丛""新世纪万有文库"两套大型丛书和新《万象》杂志以及《欧洲风化史》等上百种思想人文图书都是他在这个时期的重要作品。他多年后在回忆录中说，"做了大半辈子出版，说实话，到了编'新世纪万有文库'，我才真正尝到了编书的甜头"。一个人的幸福和满足，莫过于实现自己的所思所想。我认为，从这个时期沈先生主导编辑出版的书来看，他的出版追求可以用"前卫远见、丰富广博、趣味易读、简朴务实"这十六个字来概括，此时他把这种"沈氏风格"完整展现在读者面前，也对大陆乃至港台的出版界产生了重要的影响。

沈先生常说，读书要好玩，要有趣。"书趣文丛"六十册，我读了一多半，觉得每一本都是严肃的著作，但都易读、耐读，值得认真思考和玩味，我想这就是沈先生说的"有趣"吧。我读得最多的是《万象》杂志，用随笔和散文的写法讲学术，这比起沈先生主编的《读书》来恐怕有过之而无不及，这大概也是一种"书趣"吧。给我印象比较深是王世襄先生写的《北京鸽哨》，从未近距离观察鸽子，也没有见过鸽哨的我，一口气读完，真没有想到这里面有那么多的奥秘，阅读的乐趣大概也就是这样了吧。

沈先生有一位莫逆之交蔡其庭先生，那段时间蔡先生也是沈先生办公室推门就进的常客。蔡先生是诗人蔡其矫的胞弟，在香港从事文化工作，退休后往来京港两地。蔡先生酷爱电影和音乐，还喜欢各种各样的笔。那时，沈先生的工作用笔大都是蔡先生送来的。蔡先生曾说，老沈这段时间用笔越来越多了，他编的书越来越像他自己了。

1997年春节过后不久，蔡先生和乐美真先生一起来到沈先生的办公室拜访。饭后，乐美真先生欣然赋诗一首："戏题沈公退休　曾上阁楼夜话长，昌文犹使钝刀枪。/ 帮闲花甲终开眼，尽兴相知始热肠。/ 下海无薪可报款，行船租借不贪赃。/ 坊间脉望新书劲，细数京城小菜香。"

这首诗，大概就是沈先生在那几年间的一个写照。乐美真先生不仅是台湾问题专家，也是一位家学渊源、才情并茂的诗人，寥寥数笔，就准确生动地把沈先生描绘了出来。

"曾上阁楼夜话长"，沈先生主编《读书》时写的编后语题为"阁楼人语"，后来汇集成书出版。沈先生常说，他非常留恋老上海的四马路，做学徒的时候常去四马路的书店看书，许多文化人包括三联书店的前辈们都曾在那些书店的阁楼上工作，许多思想、许多作品都是在这些阁楼上诞生。我想，四马路上的阁楼应该和沈先生的办公室有几分相像，堆满书和书稿的狭小空间，还有和"吃"有关的东西……

我曾经多次向沈先生请教，主持三联书店和《读书》多年有什么经验可谈？他总是笑而不答，从来没有具体讲过，但他也总是让我和一些朋友去看"阁楼人语"。细读"阁楼人语"，联想到沈先生多年的言行，我

八八沈公

感觉到的有两点值得一说之处，也可以说是两"后"。

一是"后学术"。这个"后"，不是"后现代""八〇后"等的"后"，而是专注研究、融会贯通之后的"后"。也就是说，作品要把深奥的理论和问题用通俗易懂、浅显明白的文字表达出来，使一般读者特别是青年读者能够看得懂，但这要建立在对于一个领域之内作了深入的研究，有了深刻的见地之后。所以他说，越是大学者，越会写这样的好文章。有人能写这样的文章，是编辑之幸；能从作者那里把这样的好文章约到手，则是编辑的本事。沈先生把《读书》定义为，能够躺在床上阅读，并能从中有所获益的高级消遣品。沈先生编的书和杂志，追求的正是这种深入浅出、寓深刻道理于浅显文字中的表达方式。

二是"向后看"。这句话并不是沈先生提出的，但他对此很是推崇，在回忆录里还以此为题专门写了一节。"向后看"，其实就是补课，要学习和研究在我们之前走过现代化道路的那些国家和地区，要补上启蒙这一课。因此要研究和出版在那些国家和地区曾经起过重要作用的"老书"。这些"老书"和其中的思想构成了沈先生四十年来编书、出书、策划书的主要方向。他在这个方向上做了大量的探索，我想这是他在出版界的最大贡献。他说，"这高见我心悦诚服，以后逐步做起来，简直让我受用无穷"。回想沈先生许多年来给我推荐的书和讲到的人和事，其实都是要我"向后看"，补上这重要的一课。

"昌文犹使钝刀枪"，乐美真先生在这首诗的笺注中说，沈先生的编后语切中时弊，自己却戏称"钝刀子割肉"或"瘀血文化"。我想，美真先生用"刀枪"这个词可能是为了押韵，但"刀枪"的说法毕竟有点过于生猛了，"枪杆子"和"刀把子"都应该远离出版才是。然而出版不易，时有高危，很需要渡边淳一所说的那种"钝感力"，或者说"迟钝的力量"。沈先生身上有的应该是这种"钝感力"。"钝感力"可以这样理解："钝"是"迟钝"的"钝"，"感"是"感受"的"感"，"力"是"力量"的"力"，是一种慢功夫，有如蠹鱼蛀书。这又使我想起了当时流行的一部电影《阿甘正传》，阿甘在一个充满压力和挑战的环境中，表面看起来傻乎乎的，但他始终按照母亲给他的那几句"常识"去生活。其实他的"智商"并不低，面对复杂的外界环境，他能够控制好自己的情绪，按照自己既定的思路去做事，这实际上也是一种钝感力。我觉得，这也是沈先生和一些前辈略有不同的地方。

"帮闲花甲终开眼，尽兴相知始热肠"，"开眼"，是指沈先生那时做了白内障手术，可以看清一切。实际上，这更是他心智的开阔，眼界的提升。"尽兴相知始热肠"，这正是许多作者和朋友与沈先生沟通以后得到的感受。在沈先生主持三联书店和《读书》期间，许多著作的出版、许多文章的发表、许多问题的解决乃至危机公关的背后都有着这种沟通的感人故事，这在业界早已不是秘密。退休以后的沈先生，就更是如此。美真先生解释说，"尽兴"是指沈先生举办的《读书》服务日活动，"无开头、无结尾、无主题、无主持、乘兴而来、尽兴而归"，这项活动和这样颇有"魏晋遗风"的组织方式在三联书店一直延续至今。

"下海无薪可报款，行船租借不贪赃"，我觉得对这一联最好的注解是沈先生自己说的话。近十几年接触沈先生的晚辈，都觉得他是个老顽童。他善于把非常正经的事情说得"很不正经"。在描述那段的工作状况时，沈先生自称是不拿工资的"帮闲"，还有二十个字的"工作流程"，"吃喝玩乐、谈情说爱、贪污盗窃、出卖情报、坐以待币"。他曾对一位记者解释说，"吃喝玩乐"是经常请作者吃饭，不断研究如何请才能讨得作者的欢心。"谈情说爱"是编辑要和作者有感情、有爱，建立了很好的关系，就能从作者身上"贪污盗窃"到最新成果，挖掘到无形资产。"出卖情报"是总想把自己掌握的"情报"利用起来，"出卖"给一些同行们，也因此满足了"吃喝玩乐"的习性。"坐以待币"就是让他帮过的单位报销"吃喝玩乐"的费用，他把单据寄出去，坐着等人民币。

"坊间脉望新书劲"，正是沈先生这一时期的描述，也是沈先生以出版为志业的人生写照。据古书记载，蠹鱼"蚀"书的时候，三次"蚀"到"神仙"这两个字，就化为脉望。读书人在读书时看到脉望，就会成为神仙。自比"脉望"的出版家，沈先生是第一位。见"脉望"而成仙，这是出版人乃至传播书籍的人和所有读书人的一种情怀。万圣书园成立十五周年的时候，我曾凑了一联"座中醉客延醒客，坊间一圣览万圣"。"万圣"的"圣"，自然不是指万世师表的圣人，可以说是指智慧的精灵，或者是"薛定谔的猫"，或者是"麦克斯韦妖"，当然更应该是中国化的"脉望"。从写书到编书、出书、传播书再到读书，"脉望"传递着一种价值。作者、出版者、书业者和读者，都会成为"脉望"，这个"脉望"当然不是鸡犬升天的神仙，而是一个心智健全的明白人。我想，这应当是沈先生心目中的"脉望"，也是沈先生的情怀。

"细数京城小菜香"，这是全诗中最意味深长的一句。美真先生一笔道出了沈先生最喜欢的"工作"方式。沈先生熟知他办公室周边各种风味的菜馆，也对许多菜品津津乐道。记得那一段时间，他比较喜欢绍兴菜。他说，绍兴菜用料平实，不奢华，讲究刀工和清淡的味道，价格也不贵，是一种"知识分子菜"，应当说是"小菜"。我曾通读扬之水的《〈读书〉十年》，从中读到，请客吃饭是三联书店和《读书》编辑部的工作中经常出现的场景，沈先生与作者和潜在作者的沟通，大都在饭局上。沈先生更是说过，"要想征服作者的心，必先征服作者的胃"。他经常把好吃的东西分发给编辑和来客，也经常和人边吃边谈。纵观沈先生四十年来的饭局，都无不和一件事有关，这就是编书和出书。但我认为，沈先生不是美食家，正如扬之水在《〈读书〉十年》中记载，"有时他也喝一点酒，但所醉不为酒也"。所醉者为何？就是在吃饭这个"仪式"中营造的那种轻松愉快、互相信任、平等相待、真诚相见的交流氛围。一句话，吃饭只是形式，沟通、理解、共识才是根本。现在，沈先生已是耄耋之年，我和他的见面交谈，多在俞晓群召集的饭局上。见到沈先生，我常想，"可堪回首，脉望蛀书，喜见一滩草鹭。凭谁问：沈公八八，尚能饭否"。沈先生的"京城小菜"之"香"值得"细数"，要让这个"香味"绵延流长。

美真先生的一首"戏题"，也是对沈先生一生的诗意解读。沈先生的回忆录名为《也无风雨也无晴》，也是颇有诗意的。他自己解释，用这句词概括一生的志业和人事，是说自己的一生相对风平浪静，既没有走上巅峰，也没有大的坎坷。沈先生从1949年进入上海民治新闻专科学校学习至今，从事出版也有七十年了，七十年沧海桑田，一生风雨，过眼烟云，不以物喜，不以己悲，才是东坡境界。

要用一句话来描述沈先生，我想说"自成一派的出版家"，在一个转型和快速变化的年代，在一个"座中醉客延醒客"的饭局上，他用自己的方式讲了一个属于大家的故事。

师承集别编

林道群

1988 年我们想在香港办一本杂志，也想同时在北京印一版，这样就邀请沈公来了香港（那时候沈公未到八八，叫老沈）。说是洽谈合作，实际上是请他来作指导，那时候《读书》主编的声名遐迩皆知。那是我初次拜见沈公。没过多久，去北京组稿，沈公代为安排了几个作者叙会，还让沈双约了几个北大、人大的年轻人，在家里座谈。一年之内见了沈公两次后，自此常给他写信，或求教，或讨书。还没过半年，次年五月中，我匆匆来北京，沈公说京城交通已瘫痪，怕我找不到路进不了城，专程来机场接，还把我安置在家里。

我们想一起办的杂志没办起来，我自己换工作去办另一本杂志了。沈公同样支持，转给我很多那时候《读书》不便用的稿子。八九十年代变化太大，编杂志才两年，我又转去牛津编书，好在沈公好像一点都没变。牛津刚开始时，凡事都得到沈公的帮助，第一批书王佐良的《英国散文选》、董乐山译的《苏格拉底的审判》、南星译辜鸿铭的《清流传：中国牛津运动逸事》，都是他转给我的书稿（沈公后来编"新世纪万有文库"，轮到我回赠他书稿，也算是有来有往）。再后来与辽教的合作，是沈公穿针引线，甚至让他原来的得力助手倪乐入牛津，晓群兄已多次提及，在此不赘。

记得那时候，沈公开始卸任三联领导职务了，没太久也不再编他的《读书》了。来信频仍，有时候信写得也长起来，有些牢骚，有些话中有话，有些感慨，趣味很多，当时读现在读，依然好看。几年前，沈公编了两集《师承集》，把前辈给他的信札整理出来发表。很多人都说，读沈公《师承集》，最大的遗憾是未能同时读到沈公自己的信。

我敢说，沈公米寿，朋友想看的肯定是沈公自己而不是我写的，所以，在晓群、立利限定的字数之内，我选了三封沈公的信，在此和大家共享。信中有些人名，无关紧要，且都代之某某，隐去不提。

道群兄：

昨日收到《自由与秩序》文，匆匆读过，印象不错，尽管这论点，作者过去说过，现在更明白而已。晚上，寄了一本《读书》第二期给你，托转交某某，就便一述我的以上看法，并对此公文风之简练表示赞赏（过去的特点是汪洋，不是简练），现在大概是此信先到，杂志后到。今日四时醒来——我辈老人之悲哀，一天睡不了几小时，——重读此文，觉得赞赏、喜欢之情，又高了一层。我很喜欢这位仁兄的论点，如果依此实行，中国人实在可少费许多劲。这些年来，我们许多改革家，往往习惯于在方法上蹈袭自己的批评对象，只是论点反了一个个儿。结果，就是所谓"以其治人之道，反治其身"，实际上并无多少长进。

从这文章看出，这位作者其实是很温和的，可是，你要同他打交道，有时又感到相当的躁厉。这使我想起，要做到"自由与秩序"，大概还需要一种文化精神为其基础。要花长时间涵育这种文化，人们才能完全做到 prudence。这里我不是责备这位作者。其实，他对我个人是少见的谦和。我只是就这里不少人的共同印象而言。

这使我更想把《读书》办成一个醇厚、耐读的文化刊物，它不能使人立竿见影，但是能帮助孕育一种文化精神，使得长读《读书》的人，不仅是思想先进的，而且是睿智的，谦和的，平实的。中国太需要这样的 elite。前十年是准备时期。今后如果允许发展，知识分子中像这位作者，会开始有新的认识，逐步克服躁狂之气，走向平实、深沉。现在这里也许正在出现这种情况。

可惜的是，很可能，《读书》这势头也可能保不住了。我的唯一精神世界，大概要被取消。我很可能只在名义上领导它，实际上要另派人主持。这人如是董大姐，自然更好。但也许是别人。不过过去多次，我们都是转危为安的，这次也许也能平安度过。

昌文 1991.2.13

道群兄：

上月去了一次美国，开会，在 Honolulu。会议的支持者有贵所，某某是主持人之一，我想你一定很了解。金刘两位都去了，略有晤谈。会上，《二十一世纪》很活跃，组稿想必不少。

八八沈公

在会上，晤某某主编。这次他的表现似乎与情不佳，弄得老教授对他意见不少。看来，这位老兄至今仍然徘徊在学术与政治的歧途之间，犹豫未定，影响他的发展。据传闻，歧途不止两条，还有一条则通向维纳斯，那就更加心烦。凡此之处，我辈不便进言。总之不管哪条路都行，只是不要徘徊才好。不然太浪费时间。

一大收获是见到陈某某。此人名不虚传，诚恳，实在。在会上发言，亦极扎实。台湾的各位先生，除了他，则觉南方朔其人也不错，有欧美学说之根柢而较肯关注中国事情。还有一位傅大为先生，则学者气很浓，同我辈说不上多少了。我在那里见到一报道，说这位傅先生有一论著被评为台湾十大好书之一，惜未之见，不然还可有些好说。

会上的讨论，说实话，我并未了了。所谓 civil society，我一直理解为"市民社会"，即资本主义之前身。到了会上，方知指托克维尔书中的提法。托书国内虽已出版，以我的杂乱无章，哪顾得上去细读它。因此，这会对我是启蒙而已。我和董小姐有一发言，限于身份，四平八稳，未能展开。刘女士要我改为稿子，只能待诸来日了。

从 Honolulu 回来，我和董又去了一次 New York，她访友、洽事，我则探亲。见到沈双，很好，勿念。

回来以后。尚未及投入工作，即奉召脱产学习。目前住在北京西山八大处，天天听理论教员作报告，然后座谈。教员们谓，今后要批判：早产论、补课论、封建论、空想论、趋同论、失败论、过时论、再生论——统称"黑八论"。对此，我们当然唯命称是。而凡此之处，目的都在防止和平演变。我有自知之明，是刚从 Honolulu 过来的，说不定都已被"演变"过了，所以听课格外用心，笔记亦十分努力。四十年前上大学的劲头，现在又都拿出来了。只是发言不大积极，推说年龄大了，精力不济，中气不足。住在一风景区，伙食颇佳，还有电话可打。亦可召车回家，明晨再来。然亦有努力学习的同学，晚上作方域之战，不思归去。与会者，都属出版界之"高干"，所以生活颇为优裕，只求思想整饬即可。我本人的"参照系"，是当年的五七干校，而非 Honolulu 之 East West Center，所以，已经大感满足。我们这一代的不行，由此可见。

我的学习，大概要四月初结束。刘女士约我修改发言稿，请告她，最快要四月下旬才能改出寄上，务必请她谅解。

你编的"台湾"一稿，眼下还不能放行。请原谅。我学习结束，想再看看，可否想法补救。陈忠信送我一套《台湾社会研究》，我看看可否作些更改。有事再同你商量。

因为有学习的机会，才能有空给你写信。这是在早上写的。马上就要上课了，只能打断。今天的教员要批判戈尔巴乔夫。我估计教员是个年轻人。鄙人今年六十岁，前二三十年，也曾操过为人作政治理论教员的行业。现在又轮到当学生。以这一点来说，倒是平等的。我在此天天默诵韩愈《师说》，力戒自己骄躁之气，认真当小学生。对于这类学生，你们《二十一世纪》应当表扬才好。祝

编安

沈昌文 1991.3.18

道群兄：

迈克书及信均悉。多谢！

某某确此间颇受得宠之人，翻译及学术之事，多仰仗他。自然还及不上某某之更为得宠。此辈新进，确有才能，胜我等老人多多，但骄矜之色，溢

于言表，令人不耐。我在近年以来，已退避三舍，见面唯点头而已。赵博士曾对我说，某某博士有甘阳先生三分之一才气，而骄傲为甘之三倍。我未能亲验此说。只是，某某有一坏习惯，已经遐迩皆知，我亦亲受，即约会必不到。盖此公崇尚自由，作息无常，所有约会，是否到场，要看其时彼之作息而定。上次此公来港，回京时，即未赶上飞机。因为"港龙"未能按他的无定作息时刻等候乘客，居然自行起飞来京令其大恚。此次来港，据说又丢行李。大凡才子必有怪异之行状，亦不足为怪矣。近闻在董总反复教育之下，颇有改进，是为幸事。凡此种，尚希吾兄鉴谅。

秀玉主持近一年，几件大事均未办成，颇不痛快。主要是于品海合作之事，经贸部久未批下，令人心烦。其中种种情由，也不细说。董是一不甘雌伏，要做大事之人，如何耐得此等寂寞。但要说绝对不成却又未必，大家都希望某日忽然天气晴朗。在此情况之下，即便我等熟人，亦难进言，见面只说天气，说美食。我则耐心、忠诚地侍奉老伯母大人——董的妈妈，是我家多年深交，以为报答，余则无所贡献力量也。董周围之新进部下，唯恐我仍遥控、驾驭董之领导工作，处处防范。董为事业计，亦不能不避嫌疑，以免新进们丧失斗志。如此这般，倒是成就了我：我由此不去三联上班，只是蛰居在离三联有二十里之遥的《读书》编辑部，耐心编我的（我的确现在才把它算作"我的"）《读书》杂志。外界种种，均不与闻。三联召我开会，则诿称有病，其病名曰"进行性老年痴呆综合征前期"。盖某某某、某某等新进俱以聪颖闻，因此我等应属痴呆，方可匹配。所有一切，均属自然形成，并无任何人为迹象，其之可喜，盖在此耳。在此期间，秀玉如有个人委办之事，自然还是尽力。包括为她招待客人、加工稿件等。只是绝不作为工作任务接受，只是朋友帮忙。唯一例外，为最近赵先生与某某先生交恶，赵却辞去哈佛燕京丛书编委，并向美国方面进言候办此事。赵向我求计。我觉得此事极为影响三联声誉，不能不出面。于是先向董进言，未果。后来做了一些"院外活动"，总算转危为安，赵博士与三联言归于好，与秀玉握手言欢。只是商定某某博士过一段时间后不再介入此一丛书。我不知某某是否因此会恨我，而我实出无奈，因为不然三联的声誉大受影响。在种种"院外活动"中，最主要一件，是我先向陈原老总报告详情，然后引诱董去探访陈原，谈话间设法引出此事，使董向陈讨教。陈明确表示某某等做法（固执己见，排拒编委）之不妥，董乃信服。总计为此事我几处装红脸、扮白脸，耗费精力无数，虽然成功，亦觉冤枉，起誓今后不再管此等闲事了。

《读书》的工作，自问近半年来较为尽心。自然起色不多，但是总在力求改进。我的宗旨是：尽力关心大陆现实，而又以不关心的面貌出之。表面上吟风弄月，说东道西，实则大多有所喻指。文则求其可读。本想再做些组稿工作，实在力有未逮。今年邮局订数，居然较去年增长25%，大受鼓舞。最近陈冠中先生同我研究出繁体字版，在香港发行，此间领导已同意，望能办成。顺便说说，陈冠中谓已与于品海分手，现为另一香港财团工作。他未细说财团名称，我亦未便细问。不知你知其究竟否。

此信所说，多为牢骚之语。其实，在新老交替之际，只是出现这些情况，还算太平无事。我既已求退，自不再应介入业务。诸位新进，眼下不免燥热，日久自然平服，因为只有历史才能教育人。回

八八沈公

顾我的过去，也是这么过来的。由于吾兄关切，不免呶呶，故请原谅。陈辉扬书评，如可能，千万央其写出。另港人学者处，如需赠阅《读书》，请兄开一名单交来，即可办到。《读书》颇拟团结海外学人，请吾兄多施援手，是为至托。至于种种琐事，因已"痴呆"，自然不足在心，更不挂齿，自可放心。即颂安好。

沈昌文 1992.1.9

做书与吃饭

王为松

　　已经不记得是怎么认识沈公的了。做出版的人，大抵都知道沈昌文的大名，那是跟三联与《读书》连在一起的。那时，《读书》有句广告语：你可以不读书，但不可以不读《读书》。后来，三联与《读书》又总是能发生一些让读书界给予关注的不小的事情，而这些事情，又不能不与沈昌文的名字连在一起。我所知道的约略总总，其实都是道听途说，后来，沈公在多次酒桌饭席上说到了，在多篇回忆文章里也都写到了。

　　再后来，沈公的名字与身影，就跟俞晓群连在一起了。他三联退休后，就在北京帮着俞晓群和辽宁教育出版社"打工"（沈公自语）。有人说，他俩和陆灏是刘关张。那我就没想明白，俞晓群要算是刘备的话，那沈公怎么着也是诸葛亮，陆灏看长相应该是赵子龙啊。这三位兵合一处将打一家，从辽宁结义起事，编"万有文库"；办《万象》杂志，到晓群挂印移师北京城，开海豚书馆；等到晓群也退休了，又动真格兵临上海滩，开办草鹭俱乐部，已成当代出版史上的一段流言与传奇。

就这样，沈昌文先生每年上海书展都会来上海，当然每回都是和俞晓群一起来。每次来上海，无论饭桌还是会议桌上，沈公都会讲，我是1951年考试进入上海人民出版社，进社没多久，就奉命调入北京，所以我猜是北京委托上海人民出版社代为招考，不过这样说起来，我也是上海人民出版社的老职工了。沈公每次说的历史掌故，大抵是相同的，不过他并不觉得是在重复，毕竟隔了一年再来讲，座中总有几位是第一次听他讲，所以他每次都讲得头头是道。有一回，他终于从传统出版讲到了数字出版。晚饭的热菜上了一半，他说，已经七点半了，你们慢慢吃慢慢聊，我要先走，回去睡觉了。但他并不急于起身，而是要解释一下：因为我在家里每天看完《新闻联播》就要睡觉了，两点钟起来，打开电脑，上网翻看我想看的东西。他说话的样子，总是让你感到身临其境。

于是，听他接着说：我把要看的文件都下载到电脑里，然后标题用二号宋体，正文用四号宋体，引文用四号仿宋，再复制到 U 盘，等天亮以后，我坐四十分钟公交汽车，我就在车上练功，到俞晓群的办公室把这些要看的文件打印下来，晚上回家再读，还要送给那些不会翻墙的比我老的老头，这就是我和数字出版的关系。

大家听了大笑，不等大家笑完，他已经走到门口了：你们都坐着不要动，继续吃。等他走了，晓群告诉大伙，今天早上，沈公突然想吃上海滩的大饼油条，就沿着福州路竟然一直走到了新天地，果然找到一家。进门一看，感觉洋气十足，坐下来要过精致的菜单一看，被大饼油条的价格热昏。于是，沈公毫不犹豫地起身，又走回福州路，还是德兴馆的焖蹄两鲜面好吃。

从三联的"读书文丛""文化生活译丛"，到"万有文库""书趣文丛"，再到"海豚书馆"，内容实在，价格公道，比之那些豪华包装之下的大饼油条，早已不是原先的纯正味道，却还要卖个大价钱，沈公的出版风格倒是真有点像价廉物美的焖蹄面，百吃不厌。其实，做出版跟开饭店也差不多，关键是大厨要好，同样的食材，在你手上就能变换出一桌色味俱佳的美食。否则，盘子再精致，插花再好看，服务再温馨，饭菜味道不灵，恐怕这样的饭店也不会有生意。现在，有些出版人，动了不少脑筋在包装与营销上下功夫，忘记了出版内容为王的本质，一会儿渠道为王，一会儿技术为王，一会儿客户为王，却不知都是南辕北辙、缘木求鱼了。这也是我从沈公做书与吃饭中得到了一点启发。

沈公自言，他做出版是受了陈原的影响。陈原先生最欣赏的一句话，是本世纪最伟大的舞蹈艺术家 R. Nureyev 的名言："从六岁起，我就娶了舞蹈。我就像一个天主教神父，我没有权利再结婚。"由此，他得出结论："这就是为什么做一个真正的（如果暂不称为伟大的）出版人，都应当成为'书迷'的道理。"我还记得自己刚入行不久，自己一个人跑到商务印书馆去找陈原先生，推门进去，陈原先生坐在书堆里，他并没有因为我是个没有预约的冒失青年人而拒绝我。我至今记得，他说，裁缝做衣服有个老规矩：量七次，裁一次。做出版也是这个道理，动手前要想清楚，想清楚了就一刀剪下去。当然，他还说过："一部亏本书也不出，文明亦将绝灭——只出亏本书，文明亦将绝灭。"不仅对沈公，也对我们这些出版后辈，及我们的后来人来说，这些话"实际上是一个极有智慧的老人从事出版一个多甲子的经验总结"。在沈公的身上，我们已经看到陈原智慧的烙印，但沈公更多是以随心所欲、嬉笑稀松的，而不是以怒目金刚、严肃紧张的方式呈现出来的。

所以，王蒙说，大哉沈公，随心所欲，大哉沈公，嘻嘻松松。沈公的随心所欲与嘻嘻松松，其实是既有风雨也有晴，但是他的自述却偏偏叫作《也无风雨也无晴》。

大拙大巧沈昌文

柳青松

最早看的"要么在咖啡馆，要么在去咖啡馆的路上"这句话，是在一篇访问沈昌文先生的文章里。沈先生当之无愧。三联韬奋中心的咖啡馆是他的主场。据说那个咖啡馆是法国人设计的，在二楼的夹层。从外面往里看，幽暗、窄长，灯光如豆，很有时光隧道的神秘感觉；从里面向外看，入口处明亮耀眼，仿佛深居洞穴里即将迎来期待中的光明万丈、豁然开朗。那时沈先生基本每天来此打卡。他在这里交接书稿，约会朋友，大声招呼客人，俨然是这个空间的主持人。我经常看着看着，恍惚中就感觉他很神似南斯拉夫电影《瓦尔特保卫萨拉热窝》中的钟表店老板，坚定、沉稳、老练、应付自如。不同的是沈先生保卫的是帕斯卡尔，因为他说过

"人只不过是一根苇草，是自然界最脆弱的东西；但他是一根能思想的苇草"，"思想——人的全部的尊严就在于思想"。所以，著名的书评人黄集伟称沈先生为"思想经纪人"，我是深深赞同的。

我认识沈先生是在 1995 年辽宁教育出版社"爱书人俱乐部"举办的第一期讲座上。沈先生讲演的题目是"我读故我在"。他旁征博引，谈笑风生，一派文化大家风范，而且亲和友善、儒雅平易，令我们仰慕不已。后来，由于工作关系，近身配合沈先生工作，在沈先生的言传身教中获益匪浅。我感觉沈先生之所以成为影响当代文化思想走向的出版大家，成为老少咸宜的"魅力达人"，他那嘻哈随意、玩世不恭的外表下，洞察世事的远见卓识、奖掖后进的达观襟怀、一刻不闲的勤奋自律才是缘由的根本所在，正所谓"养成大拙方知巧，学到如愚才是贤"。

作为出版家的沈先生承前启后，职业生涯纵跨自新中国出版发端，历经改革开放的黄金八十年代，直至新世纪文化盛世；工作足迹横越京沪首畿、辽沈大地，海峡两岸、粤港澳大湾区，乃至五大洲。他主导编辑的"现代西方学术文库""新知文库"，以及《第三次浪潮》《情爱论》《宽容》《蔡志忠中国古籍经典漫画》，《读书》杂志，还有"书趣文丛""新世纪万有文库"，《万象》杂志和"海豚书馆"，开启了一个个启蒙和求道的先河。深入接触沈先生，更知道这来自于超常的勤奋和付出。他认认真真地做好每一件小事，拙处力行，日久天长，自然法力无边。和沈先生一起工作时，他几乎每天用传真手写信函的方式沟通工作，言简意赅、字迹工整，然而信息量极大，精准高效。沈先生的习惯是写完函件后，发传真，原件复印存档。日积月累，既是令人折服的工作量，又是至为珍贵的史料原始档案。据说现在有许多研究者在搜寻这些邮件，部分流入拍卖行的，也是拍价不菲。上世纪五十年代初，三十几岁的他竟然自学俄语，翻译出《控诉法西斯》、《列宁给全世界妇女的遗教》、《阿多拉茨基选集》（部分）、《马克思、恩格斯为无产阶级政党而斗争的历史》（部分）、《苏维埃俄国与资本主义世界》（部分）、《马克思主义还是伯恩斯坦主义》（部分）、《书刊成本计算》等。2000年前后，沈先生去美国看女儿。当时在任辽宁教育出版社社长的俞晓群委托他找一些优质出版资源。沈先生基本没有游玩，一头扎进纽约公共图书馆，尽兴淘洗，把一大批进入公版的经典作品搜入囊中，满载而归。其中德国经典文化史作家爱德华·傅克斯的《欧洲风化史》（三卷），连同另外两个德国作家的《古罗马风化史》《古希腊风化史》，组成辽教社"万象书坊"的"风化史系列"，一时洛阳纸贵。著名的俄语翻译家侯焕闳先生领衔担纲，看到久闻而不见的原书后，爱不释手，表示不能公开出版，也要把它翻译出来。为何沈先生慧眼独具？因为纽约图书馆收藏的是俄文版，沈先生早年的修炼派上了用场。顺便说一句，原文是"性风俗史"，"风化"二字是沈先生的神来之笔。所以星云大师说："巧来自于拙，巧要能巧得妙、巧得奇。"

作为美食家的沈先生是认真的。有人评价说，好多人印象最深的是饭桌上的沈先生，那时候他最放松、最本色，谈兴最浓。他老人家的名言是"要想获取作者的心，首先要征服他的胃"。在"文革"物质困难时期，他"笼络"作者的手段就是请到家里来，炖肉吃。后来这个办法一直传到《读书》杂志编辑部，经常是用电饭锅烧一锅红烧肉，作者、编辑围坐一团，谈天说地，大快朵颐。沈先生从不离身的法器之一就是记满了饭店地址、电话的电子记事本，随用随掏，急用先学，立竿见影。沈先生曾经口授秘诀，去饭店要先去拜访后厨，和大师傅聊天，打听出来人家拿手的招牌菜，桌上再点菜的时候，就能有的放矢，聚精荟萃，举座皆欢。特别是有新馆子开张，一定要及时去。这时饭店为了叫响招牌，一定雇好厨师，菜品也优惠，而过了半年，可能就慢慢变质了。可见，沈先生在吃饭上也下了不少"笨功夫"。当年，沈先生临近退休时，出版少帅俞晓群认同沈先生的文化理念，闻风而动，力邀沈先生共襄出版义举。沈先生笑而不答，领着俞社长吃遍北京的五星酒店和知名老字号，席上高朋满座，推杯换盏，但绝口不提出版和合作。晓群恭陪其侧，神色不变。半年有余，沈先生可能觉得大考通过，孺子可教，开始携手并行，二十余载，至今不辍。其后，辽教社再和沈先生吃饭，他订的都是家常的小馆子，每餐结账不过二三百。据说，沈先生和辽教合作有君子协定，不取现金，只要报销餐票即可。作为具体的执行者，当我拿着剪贴整齐、注明完备、面额不大然而次数繁多的票据去财务科报销时，财务科长喜忧参半。喜的是从费用上，就能看明沈公付出的工作量和替我们精打细算的善解人意，忧的是招待费的总额又得超预算了。需要说明的一个真相是，就在沈先生在饭桌上反复考验晓群时，一天，他在办公桌上看到新出版的样书，"中华文库"系列之《数术探秘》的作者名字是俞晓群。从此，俞沈合流。

作为社会活动家的沈先生，是那个时期出版人的幸运。谁要找什么人，只要找到沈先生，他都会热心帮忙，总会经过几个回合，让你如愿以偿。全国各地好多出版人到北京的必修课就是向沈先生请个安，请他吃个饭，参加他的一个饭局，受赠他自行复印的"参考资料"。曾任《随笔》主编的出版人秦颖说："每次去北京出差，我总会约见沈先生。他是个信息源，北京书界、文化界的大小事情会迅速地汇聚到他那儿，又迅速地传播出去。几年后，出了一个新词，叫知道分子，他说自己不够格做知识分子，充其量是个知道分子。"晓群曾经对我说过："你注意到没有，沈先生在饭局中，总是关注到桌上的每一位客人，他招呼每一个人，哪怕是一个随员，他也会找话题和你聊天，不让任何一个人觉得被冷落。"我感同身受。沈先生是人来疯，一兴奋就突发奇想。一次我们宴请"新世纪万有文库"的部分顾问、专家。到场的有孙长江、庞朴、雷颐等先生。沈先生一时兴起，在介绍我时，开始发挥："这是出版社负责的小柳同志，我是拉皮条的，介绍各位同辽教认识，他是买家。"听了这话，有人半开玩笑地申斥："你这个沈昌文，好话也不好好说。"沈先生马上检讨："对不起各位首长，我冒犯了你们的尊严！"全场哄然大笑。沈先生像一个恶作剧得逞的小学生，缩脖夹肩地笑嘻嘻看着眼前的杯

246

盘不再说话，似乎很享受这个过程。我觉得他肯定是故意的！

沈先生作为当代中国文化出版事业的见证人和亲历者，六十多年辛勤耕耘，桃李满天下，堪称一代宗师。如果说陈原、范用等老一辈出版家是三联文化精神的总设计师，沈昌文先生作为首席总工程师，身体力行地将其不断弘扬光大。二十年前，业内人们称赞他："这老头成精了！"二十年后，我们由衷地感喟："老人家真是得道成仙了！"我们祝愿八十八岁的沈公昌文先生超逸旷达，历经红尘，归来仍是少年！

沈公米寿——安徽打工妹的祝福

恺　蒂

　　与沈公沈昌文相识相熟，先是因为《读书》，后是因为《龙腾》。

　　1993年，通过陆灏的介绍，我开始为《读书》写"英伦文事"专栏。1994年夏天回国从北京转机（从伦敦到上海还没有直飞的航班），第一次见到沈公以及《读书》编辑部的几位老师，赵丽雅、吴彬，还有陈原先生。于是，《读书》就成了我在北京的一个家，另一个是《文汇报》北京办事处。

　　那是沈公掌舵《读书》的最后几年，是他让我见识了总编辑的恢宏大气。在给《读书》写稿之前，我只在《文汇读书周报》上发表过一些小文章，阅历见识都很肤浅。《读书》一上来就给我开个专栏，这种信任不仅给了我写文章的信心，更让我在异国他乡的生活有了不少底气。我的文章涉及英国文化生活的许多方面，是我在枯燥的学习考试和繁忙的打工之余阅读、研究、感受、旅行、与人交谈的综合结果，写得很舒展，网撒得很开，有文坛轶事，也有很多个人情怀，但从学术的角度看来，都相当不严谨。但沈公却有那样的大手笔，他麾下的《读书》是个宽容广阔的平台。

1996 年，沈公从《读书》退休，赵丽雅调到了社科院去做研究，我也疏懒起来，给《读书》的文字渐少。1998 年，我回国拍摄纪录片《龙腾》，在北京住了一年，那时与沈公会面很多。沈公喜欢热闹、好玩，总有无数个故事可以讲给我们听，又热爱美食，对北京各类菜系的馆子都了如指掌，不断为剧组推荐新开的餐馆。那一年的美食美酒，毫无约束的海阔天空的聊天，还有对中国媒体的各种憧憬和希望，至今仍难以忘怀。

最重要的，沈公是北京文化界的"人气大王"，他能一呼百应，而且又毫不吝啬地分享着他的资源，所以，他很快就成了我们剧组的"精神领袖"。《龙腾》是剑桥大学李约瑟研究中心和中国科学院合作的项目，原计划有十集，其中一集是关于中国语言文字印刷出版传媒，这集的调研采访归我负责。

记得我是五四那天从伦敦回到北京的，住进翠园，一个四合院的小旅馆，好像曾是胡适的故居，不知现在是否还存在。房间还是沈公帮我订的，那一片都是沈公的活动地盘。到旅馆刚放下行李，沈公就来接我，带我去他的新据点：三联书店楼上的咖啡厅。那天下午他正好要与几个朋友聚会，见到了赵丽雅、邓云乡，还有《三联生活周刊》（以下简称《生活周刊》）的主编朱伟等人。晚上和纪录片制作团队见面时，导演们说他们正要找一家可以拍摄的杂志，并说有人推荐了《生活周刊》，问我是否能去联系，我马上说，已经见过杂志的主编。我刚到北京短短几个小时就成绩显著，让英方的导演及制片人们顿时对我刮目相看。

《龙腾》在北京的办公室在中科院自然科学史研究所内，朝阳门内大街，我们都得在北京租房子。沈公得知我需要住处，就说他正巧有个朋友在方庄芳星园的房子空着，我可以住进去，全当是帮着看家。所以，我就在那里零零星星住了将近一年。到现在，我还不知道房子的主人是谁，也没感谢过他们。

语言文字这一集中的许多人物都是沈公介绍的。我们跟踪拍摄《生活周刊》，剧组进驻编辑部。导演选中的"主角"是帅哥苗炜，他那时是体育记者，又正好是世界杯期间，大家都在昏天黑地地在看足球，他和剧组人员就格外有共同语言。记得正式采访他时，他穿了一件耐克的 T 恤，英国电视片的传统是不能出现任何品牌商标，苗炜就非常干脆地把 T 恤脱下来，翻过来穿了，大家都说，这位小哥真酷。

沈公也当仁不让是纪录片中的一位重要人物，他背着双肩包、穿着解放鞋，是独一无二的中式出版人形象。我们在国风书店里采访了他，书店的老板叫欧阳旭，有广告公司书店酒吧等，还在大觉寺有一个茶室，沈公也带我们去过那里。当时，沈公还常邀请一些老朋友进行"大脑操练"，每隔三四个星期就聚集在一起吃个饭，讨论各种话题，以操练头脑。也就是在这些聚会上，我见到了许多自己的偶像——资中筠，陈乐民、王蒙等诸位先生，都是中国文化界的泰斗。四海之内过路北京的文化界人士都会到沈公这里来报个到，沈公也就会拉我们去参加。记得曾经和龙应台一起陪沈公去看过一出实验话剧，缓慢抽象的对白可能掺了些瞌睡虫，沈公居然迷瞪了一会儿，醒来就说了句最好的剧评："这戏好，睡一会儿还能跟得上情节，两不耽误。"

很可惜，投资方后来将《龙腾》从十集改为八集，稍有争议的"语言文字"就第一个被砍掉了。造纸雕版印刷等内容都进了科技那一集，但我们拍摄的那么多有趣的人物，全被束之高阁，一卷卷的35毫米的胶带现在都已不知去向。

我也有让沈公"失望"的时候。有一次，我们和从美国回来的沈双私下约会，没通知沈公，后来被他知道，瞪了我们几个白眼。还有一次，是我第一次介绍牛姐及《龙腾》的另一位研究员与沈公见面，我们在朝内大街的路边等他。他到后上下打量着我们三位，表情是既关心又担心："你不是说有英国外宾与我见面吗？你们仨怎么连安徽打工妹都比不上呢，穿得这样土，站在路边，工作都找不到啊！"此为沈公佳话。

今年沈公米寿，我也就代表所有的"安徽打工妹"，祝沈公身体健康，天天快乐！

沈公的饭局

郑　勇

　　第一次见沈公是在他宴请平原师的饭局上，时在1996年5月，只记得大概那时我初定毕业后去三联工作，入职《读书》，所以奉师命叨陪末座。饭店在海淀图书城西边，现在估计早不在了，记不清店名，也想不起有什么菜了，但记得沈公的谈笑风生，全程笑点不断，高潮迭起。饭后陈老师对我说，到三联要收起北大的傲气，别看沈公、董总、吴彬、赵丽雅都没高学历文凭，但却是学问不下于学院中人。

　　进三联后，慢慢知道，这些前辈的世事洞明人情练达，那真是学校中学不到的学问，从此夹起尾巴当学徒，学当编书匠，一晃二十多年过去，也还不敢说出师了。

那时沈公已经是二次退休。自称"不良老年"，碰到索要名片的，必双手奉上印着"废纸我买"的漫画名片，那是只有一面空白的废纸打印再裁出来的名片。

　　退休的老三联人，常见的是范用先生和沈公。范老板每月来参加老同志聚会，就像他《相约在书店》写的。沈公更常见，有时天天见，甚至一天数见。沈公的标准配置是一辆破旧的二八自行车、一个双肩背、一个挂脖子上的U盘，还有随身的PDA。那时二楼咖啡厅是书店自办的，张琳娜掌柜，他和范用先生都在柜台放着存酒，那里同时也是他们的收发室。

　　平时安静的编辑部，什么时候一片喧哗，笑声不断，那一般就是沈公又来了。那时候他熟识的老人还多，他走到哪里，玩笑开到哪里，哪里就是一片热闹，像一朵快乐的云，一会儿在《读书》，一会儿飘到编辑部，一会儿飘到总编室。沈公出现的日子，也是我们从书稿上抬起头的快乐时光，像鲁迅笔下的小伙计的一般感受，"店内外充满了快活的空气"。不知何时东四开了家阿勇饰品店，他逢人就说郑勇开了一家小店，要请客。他口中常挂着"吴彬阿姨""董秀玉小姐"如何如何，讲自己小时候在上海滩当小赤佬的糗事，造假文凭考入三联，跟着因是子练"小周天"，"一杯水主义"和

《情爱论》……中文里夹带着外国话，俄语、英语、德语、法语，甚至冷不丁还会冒出剽窃自陈原先生的世界语，上海话自然也少不了。这些他都像说书、讲别人的故事一样，一遍遍讲，每一次都讲得眉飞色舞。自嘲和灰色幽默无不一流。

总之是没见过沈公不开心的时候，有他的饭局从来不会冷场，有他的书店活动，总是笑声不断。有段时间常到楼下书店地下一层看书，顺便看一眼活动区，我发现新书活动，每次新书不一样，主题不一样，出版社也不同，但嘉宾中总有沈公在，真是铁打的沈公流水的活动。三联的活动自然也少不了请他站台，记得有一次是为《文人饮食谈》《老饕漫笔》《寒夜客来》等八种饮食文化类新书搞座谈，请了沈公和赵珩、汪朗几位，海报上的大题目是"装在胃里的文化"。沈公上来就说看错题目了，以为是"装着文化的胃"，然后聊到编辑和饮食，他的"吃喝玩乐、谈情说爱，贪污盗窃，出卖情报，坐以待币"二十字箴言，一座如沐春风。都说家有一老胜有一宝，沈公实在是出版圈共享之宝：没他的饭局，只有饮食，少了文化；没他的活动，只有礼貌的掌声，少了书友会心的笑声。

不像这些年脖子上挂着老年证，坐公交车满北京城免费转悠，那会儿的沈公脖子上挂着 U 盘，里面装满他夜里潜水的收获，多半是来自网上下载和电邮中的妙文，带来三联打印和复印。打印是找吴彬的多，他有吴彬的开机密码，《读书》不坐班，电脑和打印机他用得比吴彬还多。好在《读书》用过的校样废纸多得是，只要打印机不是卡纸坏掉，够他天天用的。但好景不长，吴彬退休后转到编辑部，他跟着到编辑部打印，害得编辑部领的打印纸总是不够用，墨盒也换得更勤。编辑找吴彬诉苦不迭，以至于吴彬一见到沈公过来就没好气。我后来到《读书》工作，就在打印机边上专门给沈公安排一个桌子、一台电脑、一摞永远够用的打印纸，这才保证他来时轻飘飘的双肩背，到离开时变得沉甸甸。

那段时间，沈公最喜欢逢人就讲的段子是，他又来三联找热恋情人啦，他的情人是傅小姐——复印机小姐。U 盘打印的网文，得之不易的禁书，按朋友圈人头来复印。赶上沈公进了复印机隔间，再关上门，那其他等着复印的就知道只好改天了。

那时许医农老师从贵州退休，被董总请来三联主持"三联·哈佛燕京学术丛书"。许老师有一本厚厚的通讯录，饱经岁月沧桑，已经破破烂烂的，三边发毛，随身携带，寸步不离，据说许老师的作者从山坳上到中南海，都在这本通讯录里。沈公的 PDA 和许医农老师的通讯录，就像是我们编辑的有求必应屋，常常借用，应有尽有，只有我们想不到的作者，没有他们找不到的作者。常常遇到遍寻不见的作者，找沈公打听，他笑呵呵地说，真巧，昨天刚一起吃过饭，让我们感觉到沈公人脉资源的可怕。至于为吃饭选地方发愁，在沈公更是小菜一碟，打开 PDA，按地方菜系查询，高中低档，马上推荐一二三家。

沈公来得勤，我跟着蹭饭也多起来。那时还没有治理开墙打洞清理低端人口，隆福寺也没开始改造，三联周围餐饮业远比文化发达，半径一公里之内可以分布有除西藏在外的二十多个省市自治区餐厅，还有台湾菜馆，从高档娃哈哈到低端的拉面小馆，一应俱全。这些都是沈公的据点。

三联南边只隔着一条崔府夹道的润扬饭店（后改名淮扬人家），以主打开国第一宴闻名。某次李昕总编辑请沈公吃饭，沈公不客气地点了刚空运到的当令鲥鱼，接下来连着几天，他开心地在走廊里逢人就说，这次可宰了李总一刀，一条鲥鱼一千块，他们嫌满身都是刺，都没怎么动筷，就我一个人大快朵颐，打包回去又吃了一顿，哈哈。害得李昕尴尬地躲在屋里，独自皱着眉头苦笑不已——幸好那时还没八项规定，李总请客又是自掏腰包，大家也就跟着沈公哈哈开心了好几天。

惭愧的是，至今我却没有李昕一餐换来沈公数日好心情那般好运。沈公开玩笑说了好多年，等我发财请他去长安俱乐部大吃一顿，至今也没能实现老人家心愿。唯愿再过二十年，在沈公茶寿佳期，我能在被念叨了这么多年的长安俱乐部好好地宴请他和白大夫一次。

其实，沈公自己下馆子或者带我们下馆子，吃的都很简单。他给自己定的伙食标准是每顿三十块，一个小菜加一瓶"小二"（二锅头）或两瓶"普京"（最便宜的燕京啤酒），基本能下来。这样标准的小馆子在三联周边倒是不少。美术馆东门外公共厕所对门的大槐树烤肉馆是一家。同样脏兮兮，但人气更旺的陕西面馆黄河水也是一家。藏在胡同深处，现在改名叫高大上的"刘宅食府"，以前叫老刘家面馆的，有沈公也能接受的老北京豆汁、灌肠、羊尾油炒麻豆腐。还有钱粮胡同里的新疆馆子鼎香餐厅和亚克西大胡子餐厅，也是沈公推荐过的三十元餐厅。碰上有人请客，沈公就可以省下来去买五块钱一本的盗版书，或者合并到下一顿花费六十元打牙祭。至于一顿三十块的餐费标准是否属实，我们这么多年也真的没考证出来真伪。

但沈公喜欢逐臭，不管南臭还是北臭，一律闻臭心喜，我们却是清楚的。他最喜欢在餐桌上讲小时候陪伴了他十多年的宁波臭缸，臭苋菜梗、臭冬瓜，要腌到捞出来有肥白的蛆虫跟着爬才算入味。讲到这里，沈公照例眉飞色舞，席上一众女士却早已花容失色。有一年在上海，他专门张罗我们去了一趟宁波人开的状元楼，称道那里臭味正宗地道。每到一处地方，都喜欢去寻找当地的臭豆腐，这点我倒是和沈公臭味相投。

看扬之水的《〈读书〉十年》，印象最深的就是流水不断的饭局征逐，一张纸菜单感性得不下于红楼宴的活色生香。那么多研究《读书》和沈公的硕士、博士论文，少有从此入手者，真让我感叹如入宝山却空手而归。这些年三联的新编辑入职培训，我们都会请沈公讲一次课，我也会推荐大家读《生活书店史稿》《韬奋画传》和沈公的《阁楼人语》《书商的旧梦》《也无风雨也无晴》等书，借以进入三联，领会三联出版传统和大道精神。但我更想说的是，一部《读书》史、十年三联店史、半部中国八九十年代出版史，其实都在沈公的饭局史里。人们惯常说的以文会友，不大会出现在沈公的语汇里，大俗大雅、以俗为雅的沈公，要说只会说"以食会友"吧。

怀揣着《读书》梦进三联，没想到奉命做了图书编辑，更没想到的是，在进入三联十七年后的2013年，忽然又奉命去编《读书》。只是圆梦也突然，梦碎也匆忙，到2015年忽然又奉命离开《读书》，前后不到三年。

据说奉调到《读书》主编岗位前，征求过现任和前任三联班子、《读书》领导意见，在十一人里面有十票半支持，这其中多出来的半票，就是因为沈公"表示150%的同意"，这自然让我们心生暖意。接手之初，"走了三个编刊的，来了三个编书的"，我们难免战战兢兢，常怀临深履薄之感。但每次看到沈公坐在他的桌上处理邮件、打印东西，顿时感觉踏实了许多。那些日子他常来《读书》，基本是上半天在《读书》，下半天去俞晓群的海豚出版社。他从未指导过我们编刊组稿这类正事，只是有一天我忽然在电邮里收到他发来的PDA中导出来的通讯录，"著译者"和"关系户"赫然都在其中，电话、电邮、住址、邮编一应俱全，按姓名汉语拼音顺序排列，共五十页。那段时间经常把沈公的书放在身边翻读，读得最多是《阁楼人语》，特别是那篇《出于无能》更是反复温习，真有一篇读罢头飞雪之感。

在《读书》时期比在图书编辑部的饭局陡然多了起来，外面来京找他拜码头的叙旧的，他会叫上我们，

《读书》张罗请客时，我们也会请上他和吴彬。饭桌上吃饭喝酒聊天，很少谈正事，话题倒经常是天南地北，从台海局势到文坛学界轶事，乃至明星八卦，一路呼啸，从头到尾的欢声笑语，"店内外充满了快活的空气"。记得因老《读书》而熟悉的名字，如施康强、冯象、赵一凡、梁治平、李长声、陈冠中、徐晓、马立诚、吴兴文、张冠生诸位，还有台湾《思想》主编钱永祥，便都在这样的饭局上现出活色生香的真人版。

2013 年 10 月《读书》张罗在沪江香满楼设宴，为王蒙八十寿庆，兼贺王蒙、三娅喜婚。三联书刊编辑的圣手"孙吴"——孙晓林、吴彬二位分别请出家中的隐逸大家刘涛和冯统一，联手奉献出喜帖和寿联，寿联辞曰："阴晴圆缺天地玄黄全在胸中八十年恋爱季节不愧是青春万岁，风霜雨雪人间万象尽收笔底六十载九命七羊仍旧做大块文章"；喜帖则嵌入王蒙、单三娅名为联："三生缘定知音长伴胜南面为王，娅姹隔花好语多闻助振聩发蒙"，典出苏轼"娅姹隔花闻好语"，以三娅之名入联，也真够难为人的，幸好难不倒冯统一。而刘涛书在专门访求于荣宝斋的纸品上的墨书，典雅遒劲，功力深厚，颇有碎金裂石声势。那场喜宴名单上，赫然有沈公邀约的李洪林和于浩成在焉。

因为这段不长的《读书》阶段，外面颇有好事者传我为沈公的弟子。奉沈公为师，手摩心画，这自然是我的一瓣心香，但要论登堂入室，得其饭局堂奥者，窃以为还是要数追随最久的吴彬、共饭最多的俞晓群和海上陆公子三位吧。我跟在吴彬老师之后亦步亦趋，最多只能算沈公的再传弟子。

离开《读书》后，忽一日收到沈公赐书《师承集》，里面收陈翰伯信里有言，"每一期都要有一篇宣传学习M主义的东西"。陈原信里则说，"我意把有点现实味道的都移在中间，不叫人注意。有人神经过敏，常作推测。我反复说过，从现在起，越不引人注意越好"。看到这里只恨看到太晚。在闭门思过中，想到自己遇到好稿总想着上封面，上头条，唯恐读者不察，唯恐锦衣夜行，这才领悟到前辈的智慧和境界真是不可及：其智固不可及，其"大智若愚"之愚更是难以企及。

沈公退休后没了掣肘和顾忌，反而步入自由之境的"黄金时期"，大有龙行九天搅起一番风云的气象。这些固然缘于沈公丰富的人脉，可也离不开他与俞晓群、陆灏"三结义"的"其利断金"。陆灏曾经以"在京海派"点出沈公六十年出版生涯的精髓要义，让我这个在沈公身边团团转了这么多年的学徒，顿有醍醐灌顶之感。当然，"谈情说爱"也是陆公子的看家绝活，从《万象》到《上海书评》，他简直是一个人做了一个杂志社也做不到的事。至于俞晓群，只要看看沈公那篇《出于爱的不爱和出于不爱的爱》，就知道他已深得沈公"吃喝玩乐"大法传承。有了他们仨，《万象》俨然又一新版《读书》崛起，照董桥的观感，"此刊比当年《读书》更多几分情趣"。《万象》加上"新世纪万有文库"和"书趣文丛"，一时间让读书人拥挤的书房更加爆仓，让爱书人爱恨交加。某年去参观江晓原的书房，见到专门为《读书》《万象》和三联"新知文库"量身定做的专柜，不禁会心地和他握手拥抱。

在怀念范用先生的《"温暖的脚印"》（2010）一文中，我说过：宋代江西诗派有"一祖三宗"的说法，在我看来，三联也有其"一祖三宗"，邹韬奋先生是不祧之祖，"老子一气化三清"，范用、沈昌文、董秀玉这三位先后离岗的老总，则是这"三宗"。就是在他们身边，熏陶既久，如入芝兰之室，久而不觉其香。在三联工作多年，最常被外面的人问到的是三位掌门人的风格。在三联后辈看来，恢复建制（1986）以来的三十多年间，范、沈、董三位前辈，自然都有着无可替代的贡献，是韬奋老祖一脉香火的衣钵传人，自然也是三联精神的继承者和三联传统的拓展者。他们有着共同的出版大家气象，同时又有着各自不同的风格。正是他们三位接力传薪，才成就了三联中兴大业，确立了三联学术文化出版重镇的品牌声望。我辈投奔三联，大抵受此感召。而进入三联后，受教受益于三位宗师。细微的区别是对范老板，是敬爱；对董总，带着敬畏；只有对沈公，才敢用上亲爱。印象里，范老板的慈祥里带着威严，董总的微笑有时带着峻急，而亲爱的沈公永远是乐呵呵的四季如春，从来没见过他疾言厉色。

我总觉得，在讲三联传统的时候，在道统和文统之外，对沈公开创的"饭统"注意不够，这样一来，"人文精神、思想智慧"不免显得有骨感，却不够丰满。我对三联"一祖三宗"的感悟收获，韬奋先生自然只能拜读遗书，范老板是言传，董总是身教，沈公是"饭教"。

可惜至今参加了沈公数不清的饭局，只缘心性愚钝，对沈公的"饭教"领悟太少，如矮子观场，对沈公的"二十字真言"，仅得要义皮毛。回想起 1996 年沈公饭局归来平原师的话，二十三年之后，更觉诚惶诚恐，面对沈公，哪还敢存半丝傲气？

因此，作为晚辈，作为既未登堂，遑论入室的不成器弟子，就站在沈公堂外，举杯随众拜祝：沈公生快。

一枚沈公

张国际

　　沈公的个子不高，但形象自然是高高在上的，从我认识他那天起就是。初识时，我是出版界的菜鸟一只，沈公已是执掌大社功成名就、名满天下的成功人士之姿。不过，沈公却极其平易近人，我也偶尔腹黑地揣测，意气风发的沈经理到底有没有架子呢？

　　二十年的时光匆匆而逝，其间与沈公多有交集，但要是挑出点趣闻却实在有点难，主要是我缺乏发现趣闻的眼光，尤其是那些严重颠覆沈公高高在上形象的事例，或许有，但在别人家吧。接下来，顺手写一点，无关趣闻，但的确是自己印象深刻，历久不忘的。

娃哈哈的烤子鱼

不想做广告，可也没办法。三联书店旁边曾经有个气势磅礴的杭帮菜饭店，名曰娃哈哈。出于对沈公的尊敬和对他美食家的信任，每到饭店，总是让沈公点菜，在娃哈哈自然也不例外。沈公比较喜欢点的有千岛湖大鱼头，围碟则有四季烤麸和烤子鱼。最有故事的就属于烤子鱼，实则饭店菜单上写的是"多春鱼"，每次点过之后，沈公都会自然地嘟囔几句，你们那根本不是多春鱼，就是烤子鱼嘛，服务员自然讪讪答是，却不辩解。沈公接下来自然是"点一盘吧，再尝一尝"，上菜后，沈公夹起一筷子，飘出一句："分明是烤子鱼嘛！"微微摇头晃脑，似有世风日下之意。如果你听到这句，以为自此江湖上和这道菜再也不见，那就大错特错了。次次必点，回回如此，如果说是"拷贝粘贴"倒也不夸张，这倒是娃哈哈最让人怀念的一道菜了。

偶尔的小周天

沈公是一位极会照顾人的人，在饭桌上，他谈话自然以重要客人为主，但会巧妙地跟每一个人说话甚至搭讪。我觉得沈公应该想表达每一个人都是他视野中的重要一分子，包括刚刚走上职场又无颜值的我，他会突然蹦出来一句玩笑，主角是我，其实这句玩笑的主角放在谁身上都适用。嗯，沈公在席间，就是煮酒论英雄的姿态。但有时例外，尤其是下午一两点钟，他会突然没有了动静，我们大家看他二目微闭，也不敢高声语，可三五分钟后，沈公又妙语连珠地打开了话匣子。我们后来知道，沈公年轻时候学过小周天，这几分钟已是神游天外，养精蓄锐，睁眼自然气定神闲了。每每此时，我总是想起《射雕英雄传》里面的那些大侠，沈公如能穿越，是不是也是名震一方的隐士呢？

下楼有"阴谋"

据沈公自己交代，某美女有疾，沈公前去探望。电梯下来，保安问沈公来看望谁，沈公面不改色对答，哪知对方再三盘问，想来此美女还深受一干人等关注吧。不久，沈公返程，趁人不备，从步行梯"逃遁"。沈公讲述时眉飞色舞，估计沈公出得大楼，一定狡黠布满脸庞，或者笑得满脸褶子，那感觉定比出了房龙的书更有成就感。我们常在报上看到，某狗仔队拍摄到某男明星进了某女明星的公寓，一夜未出来，其间发生了什么，引发无数想象，这既是大众的好奇心所在，也恰恰是媒体的卖点。沈公此举算什么呢，是为了惩戒不礼貌的盘问，还是为了创新交通方式？我进京时还得再去讨教讨教。

鸭亦有裤子

2008年3月的最后一天，与沈公、赵女士夫妇、于女士等人共进晚餐，席设崇文门便宜坊烤鸭店。

烤鸭当然是众人分食。鸭架就让服务员打包了。到得席终人散，沈公忽然说了一句："鸭裤子呢？"众人愕然。待沈公解释之后方才晓得，原来，鸭裤子就是所谓的鸭架。这是他家乡一带——大抵浙沪一带的说法了。

大江南北，方言不尽数，有些奇奇怪怪的称呼，自不见怪，但由此，忽然想到了另一个名称：书衣。在大陆，我们通常称包在书外面的，可以单独卸下来的为"护封"。与此对应，台湾就把这个称为"书衣"。护封，直观简明，保护封面的；而相对来说，更具传统文化底蕴的台湾则来得更形象，更拟人化，书的衣服。书衣和鸭裤子，一个是沈公从业的对象，一个是小时候垂涎的对象，其实，还是蛮有意思的双子星。我倒是希望看到那样一张照片，沈公边啃着鸭裤子，边打开书衣，恣意阅读，一副物我两忘的情形……

沈昌文先生年表

一九三一年　　　　九月二十六日，在上海出生。

一九三七年　六岁　九月，用「王昌文」名字进上海工部局办北区小学学习。

一九四四年　十三岁　九月，小学毕业，被安排入上海工部局办育才中学学习。

一九四五年　十四岁　三月，辍学入上海西门路老宝盛银楼为学徒。

一九四八年　十七岁　九月，考入上海市立职业学校电讯班学习无线电收发报（夜班）。

一九四九年　十八岁　九月，考入上海民治新闻专科学校采访系（夜班）。

一九五一年　二十岁　三月，考入人民出版社（北京）校对科为校对员，来北京。

一九五三年　二十二岁　患肺结核，去上海认识蒋维乔学气功。

一九五四年　二十三岁　八月，调入人民出版社总编室，任社领导秘书。

一九五七年　二十六岁　一月，用笔名「魏城」翻译苏联作家罗晋茨威格著作《出版物的成本核算》，在时代出版社出版。

一九五八年　二十七岁　三月，翻译德国作家蔡特金的著作《列宁对全世界妇女的遗教》，在三联书店出版。四月，出席文化部群英大会。七月，获批加入中国共

一九六〇年　二十九岁　十月，奉调加入人民出版社后院炼钢队。十二月，翻译保加利亚作家季米特洛夫的著作《控诉法西斯》，在三联书店出版。

图书在版编目（CIP）数据

八八沈公 / 脉望主编 . — 杭州：浙江大学出版社，
2019.8
ISBN 978–7–308–19402–0

Ⅰ.①八… Ⅱ.①脉… Ⅲ.①沈昌文—纪念文集
Ⅳ.① K825.42 — 53

中国版本图书馆 CIP 数据核字（2019）第 161282 号

八八沈公

脉望　主编

特约策划	草鹭文化
责任编辑	周红聪
特约编辑	张　璋
责任校对	杨利军　夏斯斯
装帧设计	杨　庆
出版发行	浙江大学出版社
	（杭州天目山路 148 号 邮政编码 310007）
	（网址：http://www.zjupress.com）
排　　版	上海碧悦制版有限公司
印　　刷	北京时捷印刷有限公司
开　　本	880mm×1230mm　1/32
印　　张	8.75
插　　页	14
字　　数	141 千
版 印 次	2019 年 8 月第 1 版　2019 年 8 月第 1 次印刷
书　　号	ISBN 978–7–308–19402–0
定　　价	65.00 元